Du 1er Janvier 1747

1.

ORDONNANCE DU ROY,

Portant règlement général concernant les Hôpitaux militaires.

Du premier Janvier 1747.

A PARIS,
DE L'IMPRIMERIE ROYALE.

M. DCCXLVII.

1er Janvier 1747

TABLE DES TITRES DU REGLEMENT.

ORDONNANCE

18 Janvier 1747

ORDONNANCE DU ROY,

Portant règlement général concernant les Hôpitaux militaires.

Du premier Janvier 1747.

DE PAR LE ROY.

LE ROY voulant rassembler en un seul corps les dispositions des ordonnances & règlemens concernant les Hôpitaux militaires, & suppléer à ce qui a paru y manquer, Sa Majesté a ordonné & ordonne ce qui suit.

TITRE PREMIER.

De la réception des Soldats, Cavaliers & Dragons aux Hôpitaux.

ARTICLE PREMIER.

AUCUN Soldat, Cavalier ou Dragon ne sera reçu dans les Hôpitaux militaires du Roy, sans un billet signé par son Capitaine ou par l'Officier commandant la compagnie en ſon abſence, contenant ſon nom de famille & de guerre, ſes qualités de Sergent, Caporal, Anſpeſſade, Grenadier, Canonnier, Bombardier, Mineur, Ouvrier, Soldat, Brigadier, Carabinier, Cavalier, Dragon ou Huſſard, le lieu de ſa naiſſance, l'élection, bailliage, ſénéchauſſée ou châtellenie dans le reſſort deſquels ledit lieu ſera ſitué. Ce billet ſera contenu dans un cartouche imprimé, il ſera viſé par un des officiers chargez du détail.

II.

Le billet ſera écrit d'une écriture liſible, & contiendra les noms, qualités & lieux de naiſſance ci-deſſus, à peine de payer par le Capitaine le traitement en entier du malade ou bleſſé.

III.

Chaque Soldat, Cavalier ou Dragon entrant dans l'hôpital, ſera viſer ſon billet par le Contrôleur dudit hôpital, s'il y a un Contrôleur, ou au défaut du Contrôleur, par le Commiſſaire des guerres ou par le Major de la place où l'hôpital ſera ſitué, & le remettra enſuite à l'entrepreneur ou directeur, qui l'enregiſtrera & le gardera comme pièce juſtificative de la réception du Soldat, Cavalier ou Dragon à l'hôpital.

IV.

Dans le cas où les troupes étant en marche, elles laiſſeroient en arrière des traîneurs qui ſe trouvant malades, ne pourroient prendre de leur Capitaine des billets d'entrée dans la forme ci-deſſus, les Commiſſaires des guerres, ou les Subdélégués des Intendans des provinces en l'abſence des Commiſſaires des guerres, ou enfin, au défaut de ces derniers, les Commandans ou Majors des places dans

1er Janvier 1747

lesquelles ou près desquelles lesdites troupes auront passé, expédieront sur les mêmes cartouches qui leur seront fournis, les billets d'entrée, qu'ils signeront pour les Capitaines, Majors ou autres officiers chargez du détail du régiment, & ils en donneront sur le champ avis à l'un de ces officiers.

V.

Il en sera usé de même par les Commissaires des guerres, Subdélégués & Majors des places, à l'égard des Soldats, Cavaliers ou Dragons absens par congés ou sortant des hôpitaux, qui tomberont ou retomberont malades en revenant joindre leur corps.

VI.

Défend Sa Majesté auxdits Commissaires des guerres, Majors des places ou Subdélégués des Intendans, d'expédier aucun billet d'entrée à l'hôpital à aucun Soldat, Cavalier ou Dragon dont la compagnie ne sera point en garnison dans la place, ou en quartier dans les environs, ou qui n'y aura point passé en route, à moins que ledit Soldat, Cavalier ou Dragon ne soit porteur d'un billet de sortie d'un hôpital, ou d'un congé limité expédié en la forme prescrite par l'ordonnance du 2 juillet 1716.

VII.

Enjoint Sa Majesté auxdits Commissaires des guerres, Majors des places ou Subdélégués, de faire arrêter & constituer prisonnier tout Soldat, Cavalier ou Dragon porteur d'un congé limité, expiré depuis un tems assez considérable pour le faire présumer libertin, vagabond ou déserteur; comme aussi tout Soldat, Cavalier ou Dragon porteur d'un billet de sortie d'un hôpital d'ancienne date, & qui ne se trouvera pas sur la route dudit hôpital pour aller rejoindre ſon corps; ſauf le cas néanmoins où ledit Soldat, Cavalier ou Dragon juſtifieroit d'une excuſe légitime, ſoit par écrit, ſoit par le témoignage de gens non ſuſpects.

VIII.

ENJOINT pareillement Sa Majeſté auxdits Commiſſaires des guerres, Majors des places ou Subdélégués, de faire arrêter tous Soldats, Cavaliers ou Dragons dont les régimens auront paſſé ſur la route, & qui ſe trouveront en arrière de plus de trois jours; ſauf le cas d'une excuſe légitime juſtifiée comme deſſus.

IX.

LESDITS Commiſſaires des guerres, Majors des places & Subdélégués qui auront fait arrêter un ou pluſieurs Soldats, Cavaliers ou Dragons dans les cas exprimez dans les deux articles précédens, en donneront avis ſur le champ au Secrétaire d'état ayant le département de la guerre.

X.

LES Soldats, Cavaliers ou Dragons de recrue conduits par des Officiers, Sergens ou autres ayant miſſion, ſeront reçus dans les hôpitaux du Roy ſur les billets qui leur ſeront expédiez par les Officiers conducteurs, Commiſſaires des guerres, Majors des places ou Subdélégués; leſdits billets timbrez du nom des régimens auxquels leſdits Soldats, Cavaliers ou Dragons de recrue ſeront deſtinez: défend néanmoins Sa Majeſté auxdits Commiſſaires des guerres, Majors des places ou Subdélégués, d'expédier aucun billet à tout prétendu Soldat, Cavalier ou Dragon qui ſe préſentera ſeul & ſans preuve d'engagement; leur enjoint au contraire de le faire livrer aux Officiers des

Maréchaussées, qui l'examineront & en ordonneront ainsi que de raison.

X I.

Le jour d'une action considérable en tems de guerre, la formalité des billets n'étant pas compatible avec la promptitude nécessaire du service, les Soldats, Cavaliers ou Dragons blessez seront reçus dans l'hôpital ambulant de l'armée, & envoyez dans les plus prochains, sans qu'il soit besoin qu'ils soient porteurs de billets; mais dans le cours de la huitaine suivante chaque corps ou régiment sera tenu de députer un Officier pour aller dans lesdits hôpitaux reconnoître les Soldats, Cavaliers ou Dragons qui y auront été transportez; & pour lors ledit Officier député expédiera au nom de chaque Capitaine le billet de chaque Soldat, Cavalier ou Dragon, dans lequel billet il fera mention du jour de l'action où il aura été blessé, & signera avec l'expression de sa qualité de député.

X I I.

Faute par les corps ou régimens d'avoir fait expédier par l'Officier député les billets d'entrée dans la huitaine, les Officiers desdits corps ou régimens en demeureront responsables en leur nom, & le traitement en entier des Soldats, Cavaliers ou Dragons leur sera retenu.

X I I I.

Pour constater avec certitude le nombre des Soldats, Cavaliers ou Dragons de chaque corps ou régiment étant aux hôpitaux, tant militaires que de charité, les Commissaires des guerres qui seront chargez de faire les revûes des troupes, seront tenus de joindre à l'expédition qu'ils en envoyent au Secrétaire d'état de la guerre, un état séparé, diſtingué compagnie par compagnie, des malades ou bleſſés de chaque régiment qui ſeront déclarez être aux hôpitaux; lequel état contiendra le nom de famille & de guerre de chaque Soldat, Cavalier ou Dragon, celui du lieu de ſa naiſſance, l'élection, bailliage, ſénéchauſſée ou châtellenie dans le reſſort deſquels ledit lieu ſera ſitué, le nom de l'hôpital où il aura été adreſſé, & le jour qu'il y aura été envoyé.

XIV.

LES Intendans des généralités, frontières & pays d'états du royaume, envoyeront pareillement tous les mois au Secrétaire d'état de la guerre, l'état général de tous les Soldats, Cavaliers & Dragons malades & bleſſez étant dans les hôpitaux de charité de leur département; leſdits états contenant les noms des régimens & des compagnies, les noms de famille & de guerre, avec les qualités, lieux de la naiſſance deſdits Soldats, Cavaliers & Dragons, l'élection, bailliage, ſénéchauſſée ou châtellenie dans le reſſort deſquels leſdits lieux ſeront ſituez, le jour de leur entrée dans chaque hôpital, celui de leur ſortie, & celui de leur mort.

XV.

LES états mentionnez aux deux articles précédens ſeront confrontez & vérifiez entr'eux, & avec les billets d'entrée & états de chaque mois arrêtez par les Commiſſaires des guerres, des Soldats, Cavaliers ou Dragons entrez dans chacun des hôpitaux militaires, de ceux qui en ſeront ſortis, & de ceux qui y ſeront décédez.

XVI.

VEUT & ordonne Sa Majeſté qu'au cas que par la

1.er Janvier 1747

vérification qui sera faite, il se trouve dans l'état de quelque hôpital, quelque nom de Soldat, Cavalier ou Dragon, supposé, l'entrepreneur ou le directeur qui aura présenté ledit état, soit condamné pour la première fois en une amende de quinze cens livres, applicable à l'hôpital du lieu, ou autre plus prochain s'il n'y en a point dans le lieu; & en cas de récidive ils soient mis en prison, pour leur être leur procès fait extraordinairement, & être condamnez aux galères pour neuf ans; lesquelles condamnations seront prononcées sur le vû de la vérification par l'Intendant du département auquel elle sera envoyée : Comme aussi ordonne Sa Majesté qu'au cas que dans le nombre des Soldats, Cavaliers ou Dragons déclarez au Commissaire des guerres lors de sa revûe, comme étant aux hôpitaux, il s'en trouvât quelqu'un de supposé, le Capitaine soit puni par une retenue de cent livres, qui sera ordonnée par le Secrétaire d'état de la guerre; & en cas de récidive, de plus grande peine, même par privation de sa compagnie.

XVII.

AUCUN Soldat, Cavalier ou Dragon ne sera admis dans les hôpitaux du Roy, qu'après avoir été visité par le médecin ou le chirurgien-major; & au cas qu'il se trouve atteint d'une maladie incurable, il sera renvoyé sur le champ, après néanmoins que son état aura été certifié sommairement au dos de son billet d'entrée par le médecin, ou par le chirurgien-major si c'est un fait de chirurgie.

XVIII.

AVANT que d'envoyer aux hôpitaux les malades atteints du mal vénérien, les chirurgiens-majors des régimens, ſur-tout dans les lieux où il n'y a point de chirurgiens-majors de place, leur donneront leur certificat viſé du Major ou autre Officier chargé du détail du corps, & à défaut de chirurgien-major leſdits malades devront au moins être munis du certificat du chirurgien le plus capable qui pourra ſe trouver dans le lieu ou près du lieu où ſe trouvera le corps ou régiment, lequel certificat leſdits malades préſenteront joint à leur billet d'entrée.

XIX.

LES priſonniers de guerre, malades ou bleſſez, qui ſeront envoyez dans les hôpitaux du Roy, y ſeront reçus ſur un état contenant, autant que faire ſe pourra, les noms des régimens & des compagnies, les noms de famille & de guerre, avec les qualités & lieux de la naiſſance; cet état ſera fait par le Commiſſaire des guerres en préſence du Major de la place, qui le ſignera, & auquel il en ſera remis un double s'il le requiert, au bas duquel état ledit Commiſſaire ordonnera à l'entrepreneur ou directeur, de recevoir leſdits priſonniers dans l'hôpital, & ledit état tiendra lieu de billet d'entrée.

XX.

LES priſonniers à la garde du Prévôt de l'armée, ſeront auſſi reçus dans les hôpitaux du Roy ſur le billet dudit Prévôt, qui ſera viſé par le contrôleur, & enſuite remis à l'entrepreneur ou directeur, pour le garder & ſervir de pièce juſtificative de l'entrée deſdits priſonniers à l'hôpital.

XXI.

LES priſonniers de guerre, ainſi que ceux qui ſeront conduits aux hôpitaux ſur les billets du Prévôt, ſeront

conſignez

consignez à la Garde de l'hôpital, & l'Officier qui la commandera, mettra des sentinelles dans les salles, autant qu'il en sera besoin.

TITRE SECOND.

Du transport des malades & blessés d'un hôpital dans un autre.

ARTICLE PREMIER.

LORSQUE les malades d'un hôpital surchargé seront envoyez dans un autre hôpital, le directeur ou entrepreneur de l'hôpital d'où ils sortiront, fera passer avec eux à l'entrepreneur ou directeur de l'hôpital où ils seront transférez, un état contenant le nom de leur régiment, celui de leur compagnie, leurs qualités, leurs noms de famille & de guerre, les lieux de leur naissance, les élections, bailliages, sénéchaussées & châtellenies dans le ressort desquels lesdits lieux seront situez, & la date de leur entrée conformément aux billets de leur réception : cet état sera visé par le Commissaire des guerres, & contrôlé par le contrôleur s'il y en a.

II.

L'ENTREPRENEUR ou le directeur, en expédiant l'état de transport ci-dessus, fera mention sur le registre des entrées de l'hôpital, de la sortie des malades ou blessés qui auront été transférez, & de l'hôpital où ils auront passé; au moyen de laquelle mention les Officiers seront instruits, quand ils le requerront, de ce que seront devenus leurs Soldats, Cavaliers ou Dragons, & les pourront suivre d'hôpital en hôpital.

III.

L'ÉTAT de tranſport tiendra lieu de billets d'entrée dans l'hôpital où les malades auront été transférez, après néanmoins qu'il aura été vérifié par le Commiſſaire des guerres du nouvel hôpital, & contrôlé par le contrôleur s'il y en a; leſquels feront mention au bas dudit état, des malades ou bleſſés qui ſe feroient échappez ou qui feroient morts pendant la route, ſuivant la déclaration de ceux qui les auront conduits. Cet état ſera remis enſuite à l'entrepreneur ou directeur, pour être par lui enregiſtré & gardé comme pièce juſtificative de l'entrée des Soldats, Cavaliers & Dragons dans le nouvel hôpital.

IV.

LE tranſport des malades ou bleſſés d'un hôpital dans un autre, ne ſera ordonné que dans le cas d'une néceſſité abſolue, & des malades ou bleſſés ſeulement qui ſeront plus en état de ſoûtenir la fatigue du chemin, deſquels le choix ſera fait par le Commiſſaire des guerres, de concert avec le médecin & le chirurgien-major.

V.

IL ne ſera fait aucun envoi de malades ou bleſſés d'un hôpital dans un autre, que préalablement le Commiſſaire des guerres & le contrôleur de l'hôpital où leſdits malades ou bleſſés devront paſſer, n'en aient été avertis; en obſervant de leur donner un tems ſuffiſant pour qu'ils puiſſent faire préparer tout ce qui eſt néceſſaire pour les recevoir, & conformément à l'article XXII du titre VIII ſuivant, envoyer vers le milieu de la route la halte en bouillons, boiſſons & alimens.

1er Janvier 1747

V I.

CHAQUE envoi de malades ou blessés sera toûjours accompagné d'une quantité de chirurgiens & infirmiers, proportionnée à leur nombre, afin qu'ils puissent recevoir en chemin les secours dont ils auront besoin.

TITRE TROISIÈME.

De l'armement, habits, argent & autres effets des malades ou blessés, à leur entrée ou sortie des hôpitaux.

ARTICLE PREMIER.

LE contrôleur de chaque hôpital fera un mémoire des armes, habits, argent & effets que chaque Soldat, Cavalier ou Dragon aura apportez à l'hôpital, lequel mémoire le Soldat, Cavalier ou Dragon remettra au directeur ou entrepreneur avec lesdites armes, habits, argent & effets, auxquels il demeurera attaché pour servir d'étiquette dans le magasin où le tout sera déposé; ledit mémoire sera daté du jour de l'entrée.

I I.

LE directeur ou entrepreneur, avant d'envoyer le Soldat, Cavalier ou Dragon prendre sa place dans les salles de l'hôpital, lui remettra un double signé de lui du mémoire du contrôleur, lequel double demeurera au malade ou blessé, pour retirer par lui à sa sortie ce qu'il aura apporté.

I I I.

EN cas de plaintes de la part du Soldat, Cavalier ou Dragon, de la rétention des effets par lui apportez, le

Commiſſaire des guerres lui fera rendre juſtice ſur la repréſentation des deux mémoires.

I V.

Il ſera permis à chaque Soldat, Cavalier ou Dragon, de garder dans les ſalles ce qu'il jugera lui être néceſſaire, à l'exception néanmoins des armes & de l'argent monnoyé, & en ce cas il en ſera fait mention ſur l'un & l'autre mémoire du contrôleur & du directeur ou entrepreneur.

V.

Aussi-tost que le contrôleur aura connoiſſance de la mort de quelque Soldat, Cavalier ou Dragon, il ſe fera ſur le champ repréſenter par l'infirmier le mémoire & les effets gardez par le défunt, qu'il fera rejoindre aux autres dans le magaſin à ce deſtiné.

V I.

Les infirmiers demeureront reſponſables des effets gardez par les défunts, qui ſe trouveroient avoir été détournez, dont le contrôleur rendra compte au Commiſſaire des guerres, pour les faire punir ſuivant l'exigence des cas.

V I I.

Le contrôleur dans l'inſtant de la remiſe à lui faite par l'infirmier, du mémoire d'armes, argent & autres effets trouvez ſur le Soldat, Cavalier ou Dragon décédé, écrira ſur ledit mémoire le jour de la mort, & l'envoyera au régiment pour en inſtruire le Capitaine.

V I I I.

L'armement, habillement, argent ou autres effets appartenans aux Soldats, Cavaliers ou Dragons décédez, ſeront remis aux porteurs des mémoires ſignez par les directeurs ou entrepreneurs, & ce dans l'an & jour de la date deſdits mémoires, passé lequel tems lesdits mémoires demeureront nuls, & l'entrepreneur fera son profit de tout ce qui aura été apporté par le Soldat, Cavalier ou Dragon dans l'hôpital.

TITRE QUATRIÈME.

De la distribution des malades dans les salles des hôpitaux.

ARTICLE PREMIER.

IL sera désigné dans chaque hôpital, suivant la disposition des lieux, différentes salles, pour y traiter les différentes espèces de maladies; en observant que celles qui seront affectées aux maladies contagieuses & aux maux vénériens, soient sans communication avec les autres, ou au moins en soient le plus éloignées; ce qui se pratiquera pour les hôpitaux qui s'établissent à la suite des armées, autant qu'il sera possible.

II.

POUR prévenir la communication des maladies contagieuses, le médecin chargera le chirurgien de garde, de placer ceux qui en sont attaquez, chacun dans le lieu qui lui conviendra, suivant l'espèce de sa maladie: & au cas que lors de la visite il reconnût que quelque malade eût été mal placé, il le fera passer dans l'instant dans le lieu où il auroit dû être mis.

III.

LE médecin n'admettra ni ne souffrira pareillement parmi les malades, aucun de ceux attaquez du mal vénérien; il les renvoyera au chirurgien-major pour en faire la visite, & les faire placer dans les lieux à eux affectez.

I V.

Les lits dans chacune des salles seront numérotez pour la facilité des visites des médecins, chirurgiens-majors & apothicaires, ainsi que pour la distribution des alimens & médicamens.

V.

Les blessés de grandes blessures, & les malades de maladies dangereuses, seront couchez seuls, & même en tems de guerre, sur des fournitures entières, autant qu'il sera possible. A l'égard des fiévreux, des malades attaquez de cours de ventre, des galeux & des convalescens, ils seront couchez deux à deux & sur des demi-fournitures dans les hôpitaux de guerre; observant toûjours de tenir les deux dernières espèces séparées des autres, les uns de crainte qu'ils ne communiquent leur mal, & pour éviter aux autres de le reprendre.

TITRE CINQUIE'ME.

Des visites des malades & blessés par les médecins & chirurgiens-majors.

ARTICLE PREMIER.

Le médecin visitera tous les jours dans la matinée, les malades, à une heure fixe & convenable, pour leur ordonner les remèdes & autres besoins.

I I.

Il sera accompagné d'un garçon chirurgien qui lui rendra compte des cas relatifs à la chirurgie, qui se rencontreront, & écrira sur une feuille contenant le nom du malade

& le numéro du lit, les saignées qui seront ordonnées & le régime qui sera prescrit.

III.

Il sera pareillement suivi d'un apothicaire, qui lui rendra raison des effets des remèdes ordonnez précédemment, de l'administration desquels il aura été particulièrement chargé, & écrira sur une feuille semblable à celle du garçon chirurgien, les nouvelles ordonnances dudit médecin.

IV.

L'infirmier de garde & celui de chaque quartier suivront aussi, pour recevoir les ordres du médecin concernant les malades.

V.

Le chirurgien-major fera son pansement un peu avant la visite du médecin, afin que s'il y avoit quelque cas grave, comme fièvre & maladie chronique, ils pûssent en conférer ensemble & agir en tout de concert pour le bien du service.

VI.

Le chirurgien-major visitera les blessés immédiatement après le pansement, pour avoir l'idée plus récente de l'état où il aura trouvé leurs blessures, régler ensuite plus judicieusement la qualité & quantité des alimens, & mieux ordonner les remèdes convenables & nécessaires; il sera accompagné, de même que le médecin, par un garçon chirurgien & par un apothicaire, qui écriront ses ordonnances, lit par lit & blessé par blessé, & suivi par les infirmiers de garde & de quartier, qui recevront ses ordres.

VII.

Le médecin & le chirurgien-major auront toûjours

devant les yeux en faiſant leur viſite, le cahier de celle du jour précédent, pour obſerver plus ſûrement ſi le malade ou bleſſé aura été traité, tant pour les alimens que pour les remèdes, comme il avoit été ordonné, & pour juger de leur effet.

VIII.

Attendu qu'il n'appartient qu'au médecin & au chirurgien-major de régler les médicamens & le régime des malades ou bleſſés, chacun en ce qui les concerne, défend Sa Majeſté à toutes perſonnes, même aux Officiers de ſes troupes, de s'oppoſer à l'exécution de leurs ordonnances.

TITRE SIXIE'ME.

Des Opérations & des panſemens.

Article Premier.

Le chirurgien-major fera toutes les opérations de conſéquence, ſans jamais les confier à ſes garçons; & s'il leur arrivoit d'en faire quelqu'une de cette eſpèce, ou de changer aucun remède ou régime de leur autorité, ou ſans ſon ordre, ils ſeront ſur le champ privez de leur emploi.

II.

Le médecin ſera averti par le chirurgien-major pour aſſiſter à toutes les grandes opérations de chirurgie, de même que de ſa part le médecin avertira ledit chirurgien-major dans les cas qui le requerront, & ils ſe concerteront ſoigneuſement enſemble ſur tout ce qui ſera relatif au ſoulagement & à la guériſon des malades & bleſſés.

III.

Le chirurgien-major panſera ou fera panſer les bleſſés autant de fois qu'il ſera néceſſaire, deux fois par jour les plaies qui par leur grande ſuppuration devront l'être, & les autres au moins une fois; & ne commencera point que tous ſes appareils ne ſoient prêts, pour ne point expoſer les plaies & ulcères à l'impreſſion de l'air: il n'y appliquera rien qui ne ſoit chaud, en quelque tems que ce ſoit, & aura ſoin que l'on brûle du genièvre ou autres parfums devant & pendant ſon panſement.

IV.

Fait Sa Majeſté très-expreſſes inhibitions & défenſes aux entrepreneurs de ſes hôpitaux, de fournir pour le panſement de quelque bleſſure que ce puiſſe être, ou pour les compoſitions de médicamens, aucunes eaux de vie de grain, à peine de quinze cens livres d'amende, & de punition exemplaire en cas de récidive: défend pareillement aux chirurgiens & apothicaires de s'en ſervir, à peine de deſtitution de leur emploi; leur enjoint, au cas qu'on leur en préſente, d'en avertir ſur le champ le Commiſſaire des guerres, afin qu'il en dreſſe ſon procès verbal, & audit Commiſſaire des guerres, d'envoyer ledit procès verbal au Secrétaire d'état ayant le département de la guerre, & à l'Intendant du département, pour y ſtatuer.

TITRE SEPTIÉME.

Cours de médecine & de chirurgie dans les principaux hôpitaux.

ARTICLE PREMIER.

DANS les principaux hôpitaux le médecin fera tous les ans un cours de médecine, & le chirurgien-major pendant l'hiver un cours d'anatomie & d'opérations; le chirurgien-major fera de plus en été un cours d'ostéologie & de bandages, auxquels cours les garçons chirurgiens seront obligez d'assister, pour s'entretenir dans l'exercice de leur art, & pour y former des élèves.

TITRE HUITIÉME.

Des Alimens & de leur Distribution.

ARTICLE PREMIER.

LA portion d'alimens pour chaque malade ou blessé sera, comme elle a toûjours été, par jour, d'une livre de viande poids de marc, deux tiers de bœuf & l'autre tiers de veau ou de mouton, laquelle livre cuite & sans os reviendra à dix onces; de vingt-quatre onces de pain entre le bis & le blanc, aussi poids de marc, de pur froment, ou de vingt onces de pain blanc, au choix du médecin & du chirurgien-major dans chaque hôpital, & d'une chopine, mesure de Paris, de vin blanc ou rouge, avec le sel & le vinaigre nécessaires.

II.

Il sera aussi fourni par les entrepreneurs, des œufs dans les bouillons, des œufs frais, de la tisane commune pour les boissons ordinaires, de la panade, du lait, de la bouillie, du riz & des pruneaux, mais dans le cas seulement où ces alimens auront été ordonnez comme régime par les médecins & chirurgiens-majors, attendu que lesdites denrées ne sont point partie de la portion ordinaire.

III.

A l'égard des Officiers, il leur sera fourni le double en valeur, ainsi qu'il sera plus particulièrement réglé par l'Intendant du département, eu égard au prix des denrées & à la qualité de celles que le pays produit dans le lieu où chaque hôpital sera situé.

IV.

La viande sera belle, bien saignée & de bonne qualité, sans qu'il puisse y être admis de têtes, cœurs, fressures & pieds; elle sera examinée par le contrôleur lors de la livraison, & au cas qu'il la trouve défectueuse, il en avertira sur le champ le Commissaire des guerres, ou, au défaut du Commissaire des guerres, le Major de la place ou tout autre Officier chargé du détail; lequel, audit cas de défectuosité, en dressera procès verbal, fera jeter la viande dans la rivière, ou la fera enterrer en présence de témoins, en fera acheter d'autre de la plus belle qualité, dans les boucheries de la ville, aux frais de l'entrepreneur, & condamnera le boucher qui aura fourni la mauvaise, à la perte du prix d'icelle & en une amende arbitraire, qui, pour la première fois, ne pourra être moindre de vingt livres, applicable aux pauvres du lieu; en cas de récidive ladite amende ſera de cinquante livres, & il ſera enjoint à l'entrepreneur de prendre un autre boucher.

V.

LES peſées de la viande du matin & du ſoir ſeront faites en préſence du contrôleur; & ſera proportionnée au nombre des malades, bleſſés, infirmiers, chirurgiens & employés qui doivent être nourris dans l'hôpital, à raiſon d'une demi-livre pour chacun par chaque peſée, obſervant de les augmenter ou diminuer eu égard au nombre de ceux qui ſeront entrez ou ſortis. La peſée étant faite exactement, la viande ſera miſe dans un lieu fermant, dont la clef ſera donnée au Sergent de garde, & à l'heure accoûtumée le Sergent ſe trouvera préſent pour faire ouverture du lieu où ladite viande aura été dépoſée; elle en ſera tirée & miſe dans la marmite devant lui, & il conſignera au ſentinelle de la cuiſine de n'en laiſſer tirer aucun morceau juſqu'à la cuiſſon parfaite, même d'empêcher que ladite marmite ſoit dégraiſſée.

V I.

S'IL arrivoit qu'à l'heure de la peſée le boucher n'eût pas pris ſes précautions pour fournir autant de viande qu'il eſt néceſſaire, il en ſera acheté de la plus belle dans les boucheries de la ville aux frais de l'entrepreneur, & le boucher ſera condamné par le Commiſſaire des guerres en dix livres d'amende applicable comme deſſus.

V I I.

LE pain ſera de pur froment, de bonne qualité; celui qui ſe trouvera trop peu cuit ou brûlé, ſera rejeté; & au cas qu'il ſoit mêlé de ſeigle ou autres grains, le contrôleur en avertira le Commiſſaire des guerres, qui le fera viſiter, en dressera procès verbal, en fera fournir d'autre aux frais de l'entrepreneur, fera emprisonner le boulanger, & condamnera l'entrepreneur en cent livres d'amende, sauf plus grande peine en cas de récidive.

VIII.

LE vin rouge & blanc seront du pays, & de bonne qualité; ils seront vieux autant qu'il sera possible, & si l'on n'en peut fournir que de la dernière récolte, la distribution n'en pourra commencer au plûtôt qu'au premier avril suivant. Les malades attaquez de cours de ventre & dysenterie ne seront fournis que de vin rouge, & le vin blanc sera donné aux autres malades, à l'exception néanmoins des cas où l'usage du vin blanc auroit été interdit au malade par l'ordonnance du médecin ou du chirurgien-major.

IX.

DANS les pays qui ne produisent point de vin, il y sera suppléé par l'usage de la bière, qu'audit cas il sera permis aux entrepreneurs de fournir par une clause expresse de leur marché, laquelle permission ne leur sera accordée que sous la condition de donner du vin aux malades ou blessés comme remède ou portion cordiale, lorsqu'il sera ainsi ordonné par le médecin ou chirurgien-major.

X.

LES caves, celliers & magasins de l'entrepreneur seront visitez au moins une fois par mois par le Commissaire des guerres, assisté du contrôleur, du médecin & du chirurgien-major; & au cas qu'il s'y trouve du vin défectueux ou gâté, le Commissaire des guerres le fera répandre en leur présence, & obligera l'entrepreneur à le remplacer par d'autre de bonne qualité: il en sera usé de même à l'égard de la bière.

X I.

L'HEURE de la distribution des alimens sera fixée dans chaque hôpital à dix heures du matin pour le dîner, & à quatre ou cinq heures du soir pour le souper; laissant néanmoins Sa Majesté au Commissaire des guerres la liberté de changer quelque chose à cette fixation, de concert avec le médecin & le chirurgien, suivant l'exigence des cas.

X I I.

LA viande étant cuite vers l'heure fixée pour la distribution, elle sera coupée par portions en présence du contrôleur & du Sergent de garde, qui sera appellé à cet effet: il en sera usé de même pour les portions de pain & de vin. Le contrôleur goûtera le bouillon, pour connoître s'il est bon, ainsi que le pain, la viande & le vin; & s'il y trouve quelque chose de défectueux, il en avertira sur le champ le Commissaire des guerres, afin qu'il donne ses ordres pour y remédier.

X I I I.

LE médecin & le chirurgien-major assisteront pareillement, soit dans la cuisine, soit dans les salles, à la distribution des portions, pour les goûter chaque jour, & avertir de leur part le Commissaire des guerres s'ils y trouvent quelque défectuosité. Enfin le Commissaire goûtera aussi tous les jours lui-même lesdites portions, ou au moins aussi souvent que ses fonctions pourront le lui permettre.

X I V.

LES portions seront portées & distribuées dans les salles par les infirmiers, chacun dans leur quartier.

1.er Janvier 1747. 14

X V.

Il y aura toûjours un chirurgien présent à la distribution des alimens, lequel tiendra la main à ce que chaque malade ou blessé ait ce qui lui aura été ordonné; observant d'interdire l'usage des alimens solides à ceux à qui la fièvre sera survenue depuis la visite du médecin ou du chirurgien-major.

X V I.

La distribution de la viande étant faite à tous ceux qui auront été compris dans la pesée, & non autres, le surplus de ladite viande sera haché sur le champ en présence du contrôleur & du Sergent de garde, & mis dans la marmite du consommé, pour faire de bons bouillons qui seront donnez aux malades à la diète.

X V I I.

Les malades à la diète devant avoir trois ou quatre bouillons par jour, suivant les ordonnances du médecin ou du chirurgien-major, le contrôleur veillera à ce qu'ils leur soient exactement fournis, & il fera fournir avec la même exactitude les œufs, panade, bouillie, riz, pruneaux, lait & tisane, à ceux auxquels ils auront été prescrits pour régime. La distribution de ces alimens sera faite dans chaque salle par les garçons chirurgiens.

X V I I I.

Le Commissaire des guerres assisté du contrôleur, feront au moins une fois chaque mois, & aux jours auxquels les directeurs, entrepreneurs ou leurs commis s'y attendront le moins, la visite des balances, poids & mesures servant à la distribution des alimens; & au cas que lesdites balances, poids & meſures ne ſe trouvent pas conformes aux ordonnances, le Commiſſaire les fera briſer en ſa préſence & en fera établir d'autres aux frais de l'entrepreneur, dont & de quoi le Commiſſaire dreſſera ſur le champ ſon procès verbal, qu'il fera ſigner par le contrôleur préſent, par des témoins au moins au nombre de deux, & par le directeur, entrepreneur ou leurs commis s'ils veulent ſigner, ſinon ſera fait mention de leur refus.

X I X.

LE Commiſſaire des guerres fera deux expéditions du procès verbal ci-deſſus, qu'il adreſſera ſur le champ, l'une au Secrétaire d'état ayant le département de la guerre, & l'autre à l'Intendant du département.

X X.

VEUT & ordonne Sa Majeſté que ſur le vû dudit procès verbal, le directeur, entrepreneur & leurs commis coupables, ſoient condamnez ſolidairement par l'Intendant du département en une amende de quinze cens livres, applicable moitié au dénonciateur s'il y en a, & l'autre moitié, ou la totalité, en cas qu'il n'y ait point de dénonciateur, à l'hôpital du lieu, ou autre plus prochain s'il n'y en a point dans le lieu; & qu'en cas de récidive les coupables ſoient mis en priſon, pour leur être leur procès fait extraordinairement, & être condamnez par ledit Intendant aux galères pour neuf ans. Et ſera le dénonciateur payé de la moitié de l'amende, en déduction de ce qui ſera dû à l'entrepreneur, ſur le certificat du Commiſſaire des guerres, portant que la fauſſeté des poids & meſures a été reconnue ſur ſa dénonciation.

XXI.

XXI.

DÉFEND Sa Majesté dans ses hôpitaux l'usage des Romaines pour peser la viande & autres alimens des malades ou blessés; Veut & entend que toutes pesées, de quelqu'espèce que ce soit, ne puissent être faites qu'avec des balances à plateaux, bien éprouvées en présence du Commissaire des guerres, & avec des poids de marc bien & dûement étalonnez.

XXII.

AU cas de transport de malades ou blessés dans un autre hôpital, la journée desdits malades ou blessés étant payée à l'entrepreneur de l'hôpital où ils sont envoyez, ledit entrepreneur qui en sera averti, si le chemin est de plus de deux lieues fera établir vers le milieu de la route des marmites, & y fera porter du pain, du vin ou de la bière, pour y fournir des bouillons & autres alimens aux malades ou blessés. Il y fera trouver des chirurgiens & infirmiers, auxquels ils seront remis avant ou après la halte, par les chirurgiens & infirmiers qui les auront conduits jusque-là.

TITRE NEUVIÈME.

Des Médicamens.

ARTICLE PREMIER.

LE médecin & le chirurgien-major, chacun en ce qui les concerne, prescriront une formule de remèdes usuels à laquelle l'apothicaire sera tenu de se conformer, tant pour ses approvisionnemens que pour ses compositions; & lesdites formules seront présentées à l'inspecteur, médecin ou chirurgien des hôpitaux, lors de sa visite générale, pour en conférer ensemble, & y ajoûter ou retrancher ce qu'ils jugeront à propos pour le bien du service.

I I.

Il sera choisi dans l'intérieur de l'hôpital un lieu convenable pour y établir l'apothicairerie, & dans lequel seront déposées toutes les drogues nécessaires & prescrites par les formules ci-dessus, soit pour les quantités, soit pour les qualités; ce qui aura lieu, même dans le cas où le marché des médicamens seroit séparé de celui des alimens.

I I I.

Le médecin & le chirurgien-major visiteront ensemble & de concert l'apothicairerie, au moins une fois par mois; ils feront jeter en leur présence les remèdes corrompus & gâtez; & s'il en manque de nécessaires, ils en dresseront un état dont copie sera remise à l'entrepreneur, pour qu'il ait soin d'en faire promptement le remplacement, & une autre copie au Commissaire des guerres, afin qu'il y tienne la main.

I V.

Fait Sa Majesté très-expresses inhibitions & défenses à l'apothicaire de faire aucune composition pour le service de l'hôpital, ailleurs que dans l'apothicairerie, & hors de la présence du médecin & du chirurgien-major, à peine de privation de son emploi.

V.

A l'égard de la simple manipulation de remèdes journaliers & usuels, elle ne sera faite pareillement que dans l'apothicairerie, à peine de dix livres d'amende pour la première fois, & de destitution d'emploi en cas de récidive.

VI.

Au cas que l'apothicaire manque de quelqu'une des drogues ordonnées par le médecin & le chirurgien-major, il sera tenu de les en avertir sur le champ pour y suppléer : lui fait Sa Majesté très-expresses inhibitions & défenses d'en substituer de son chef, sur les peines portées en l'article précédent.

VII.

Veut & ordonne Sa Majesté, qu'au cas où l'apothicaire soit surpris employant, ou convaincu d'avoir employé de fausses drogues au lieu de celles ordonnées, il en soit dressé procès verbal par le Commissaire des guerres, en présence du contrôleur, du médecin, du chirurgien-major & de témoins, au moins au nombre de deux, qui signeront conjointement avec le Commissaire ledit procès verbal, ainsi que ledit apothicaire, s'il veut signer, sinon sera fait mention de son refus.

VIII.

Sur le vû dudit procès verbal, qui sera adressé sur le champ au Secrétaire d'état ayant le département de la guerre, & à l'Intendant du département, le procès sera fait extraordinairement par l'Intendant audit apothicaire, lequel audit cas de conviction & suivant l'exigence des cas, sera condamné en une amende arbitraire, applicable moitié au dénonciateur, l'autre moitié à l'hôpital du lieu, ou le plus prochain, même en une peine corporelle s'il y échéoit.

IX.

L'apothicaire administrera lui-même en présence du chirurgien de garde ou de quartier, les remèdes qui auront été ordonnez aux malades & blessés, & les verra prendre ſans les laiſſer auxdits malades & bleſſés, pour éviter toutes erreurs dans la diſtribution, pour être en état d'en ſuivre les effets & d'en rendre compte au médecin ou chirurgien-major lors de leurs viſites, conformément aux articles III & VI du titre V, ou d'expliquer les raiſons pour leſquelles le chirurgien de garde & lui de concert, auroient jugé à propos de les ſuſpendre.

X.

L'APOTHICAIRE ſera une bonne proviſion de plantes uſuelles, chacune dans leur tems, & les conſervera bien cloſes dans des boîtes, de manière qu'elles ne ſoient point expoſées à l'air & à la pouſſière, qui en détruiſent la vertu & la qualité.

XI.

ON établira dans chaque hôpital, autant qu'il ſera poſſible, & l'on cultivera ſoigneuſement un jardin de plantes uſuelles, dans le lieu qui ſera déſigné par l'Intendant; le médecin & le chirurgien-major auront la direction de ce jardin, chacun en ce qui les concerne.

XII.

ENJOINT Sa Majeſté au Commiſſaire des guerres, au cas de ſoupçon de ſa part, ou en cas de plainte que les drogues & médicamens de l'apothicairerie ſoient de mauvaiſe qualité, de ſe tranſporter à ladite apothicairerie, ſans le médecin ni le chirurgien-major, mais aſſiſté d'experts qu'il appellera à cet effet, pour, ſur l'avis deſdits experts, faire jeter à la rivière ou mettre hors d'état de ſervir ce qui ſe trouvera dans le cas de devoir être rejeté; dont & de quoi ledit Commiſſaire dreſſera procès verbal ſigné deſdits experts, pour ſur ledit procès-verbal, adreſſé au Secrétaire d'état ayant le département de la guerre, & à l'Intendant du département, être prononcé par ledit Intendant contre l'entrepreneur telle amende qu'il avisera, suivant l'exigence du cas; même être procédé au procès extraordinaire de l'apothicaire, en cas qu'il se trouve de fausses drogues, conformément à l'article VIII ci-dessus: Et fera ledit Commissaire remplacer sur le champ, aux dépens de l'entrepreneur, les drogues & médicamens qu'il aura rejetez, par d'autres de la meilleure qualité, qui se trouveront dans la ville ou dans les environs.

TITRE DIXIÉME.

Des Lits & fournitures.

ARTICLE PREMIER.

L'USAGE des demi-fournitures n'aura lieu dans les hôpitaux, que pour ceux qui seront établis en tems de guerre, dans chacun desquels cependant il sera remis un nombre de fournitures complétes pour les blessés de grandes blessures, ou pour les malades attaquez de maladies grandes ou contagieuses.

II.

L'ENTREPRENEUR des lits fera laver les couvertures & les bois de lits tous les six mois, & fera rebattre les matelas aussi souvent qu'il sera nécessaire: la paille des paillasses sera renouvellée tous les six mois pour les lits servant aux convalescens, & pour ceux qui servent aux malades autant de fois que le médecin ou chirurgien-major le jugeront à propos.

III.

Il sera fourni trois paires de draps pour chaque fourniture compléte, & trois draps pour chaque demi-fourniture, destinées au service des hôpitaux, afin que les malades puissent être changez lorsqu'ils en auront besoin & qu'il sera ordonné par le médecin ou par le chirurgien-major.

IV.

Lors de la livraison des fournitures ou demi-fournitures le Commissaire des guerres, ou le contrôleur en son absence, fera auner les draps & peser les matelas & traversins, pour connoître s'ils sont de la même mesure & du poids ordonnez; & en cas qu'il les trouve défectueux, ou que le nombre ne se trouve pas complet, il en dressera procès verbal, qu'il envoyera sur le champ au Secrétaire d'état ayant le département de la guerre, & à l'Intendant du département, afin qu'ils y pourvoient: il en sera usé de même lorsque les matelas seront rebattus, ou dans le cas de renouvellement de fournitures & demi-fournitures.

V.

Le blanchissage des draps fournis par l'entrepreneur des lits, ou par le Roy, sera à la charge de l'entrepreneur de l'hôpital, auquel ils seront remis sous son récépissé, pour être par lui représentez en même nombre, sauf l'usage, à l'expiration de son marché, ou toutes les fois qu'il en sera requis: Pourra ledit entrepreneur de l'hôpital remettre de trois en trois mois, en présence & du consentement du Commissaire des guerres, ou du contrôleur en son absence, les draps hors d'état de servir, desquels il demeurera déchargé, & sera pourvû au remplacement

V I.

ENJOINT très-expreſſément Sa Majeſté aux Commiſſaires des guerres, aux contrôleurs, & généralement à tous les officiers de ſes hôpitaux, de ne point ſouffrir qu'aucun malade ou bleſſé ſoit mis dans le lit d'un mort, avant que les draps & la paille en aient été changez.

V I I.

ENJOINT pareillement Sa Majeſté aux Commiſſaires des guerres, aux contrôleurs, & à tous autres officiers de ſes hôpitaux, d'empêcher les malades ou bleſſés de coucher ſur leurs lits avec leurs ſouliers, ce qui détruit les fournitures & entretient la mal-propreté.

TITRE ONZIE'ME.

Des linges, bonnets, & robes de chambre.

ARTICLE PREMIER.

LES linges à panſemens ſeront fournis par l'entrepreneur, ainſi que le charpis. Enjoint Sa Majeſté au chirurgien-major de viſiter les approviſionnemens qu'il en fera, avant leur entrée dans le magaſin; & au cas qu'il en trouve de mauvaiſe qualité, d'en donner avis au Commiſſaire des guerres, qui, audit cas, les fera brûler en ſa préſence, & en dreſſera procès verbal.

I I.

ORDONNE Sa Majeſté qu'au cas où l'entrepreneur ſe trouvât manquer de linges à panſemens, & de charpis dans le beſoin, il ſera condamné en une amende de quinze cens livres, qui ſera prononcée par l'Intendant du département, ſur le vû du procès-verbal qui en ſera dreſſé par le Commiſſaire des guerres, & envoyé audit Intendant & au Secrétaire d'état ayant le département de la guerre : Veut Sa Majeſté audit cas, que le Commiſſaire des guerres faſſe acheter dans la ville ou lieux circonvoiſins, ce qui ſera néceſſaire au ſervice, & à quelque prix que ce ſoit, aux frais de l'entrepreneur.

III.

LES bonnets & coëffes de nuit ſeront toûjours à la charge des entrepreneurs, & il y aura quatre coëffes par chaque bonnet, pour pouvoir changer les malades ou bleſſés. Le Commiſſaire des guerres ſe fera remettre l'état de l'approviſionnement de l'hôpital en ce genre, qu'il fera augmenter par proportion des malades ou bleſſés qui y ſeront reçus; & fera de tems en tems la viſite deſdits bonnets & de leurs coëffes, pour en ôter ce qui ſera hors de ſervice, & le faire remplacer.

IV.

SOIT que la fourniture des chemiſes ſoit à la charge de l'entrepreneur par ſon marché, ſoit que leſdites chemiſes ſoient fournies pour le compte du Roy, le Commiſſaire des guerres aura ſoin qu'il y en ait toûjours quatre pour chaque malade ou bleſſé, pour entretenir leſdits malades ou bleſſés dans l'état de la plus grande propreté.

V.

LE blanchiſſage de tous les linges, coëffes & chemiſes, ſera toûjours à la charge de l'entrepreneur, qui ſera tenu de mettre à part & de faire leſſiver ſéparément tout ce qui aura ſervi à l'uſage des malades attaquez de maux vénériens; il fera de même leſſiver par un blanchiſſage ſéparé

tous

tous les linges à pansemens ou destinez à en faire du charpis.

V I.

L'ENTREPRENEUR fournira & entretiendra dans chaque salle des capottes ou robes de chambre de drap, à raison d'une pour dix malades, & le Commissaire des guerres les fera renouveller quand elles seront hors de service.

TITRE DOUZIE'ME.

Des maux vénériens.

ARTICLE PREMIER.

TOUS les malades attaquez du mal vénérien seront non seulement placez dans une salle particulière destinée à leur traitement, ainsi qu'il est porté en l'article III du titre IV précédent, mais le contrôleur & le chirurgien-major veilleront avec une extrême attention à ce que les linges & autres effets destinez à leur usage, soient lessivez séparément, & ne soient point confondus avec les autres.

I I.

LE médecin sera appellé par le chirurgien-major au commencement & à la fin du traitement de chaque malade attaqué du mal vénérien, & dans les occasions périlleuses.

TITRE TREIZIE'ME.

Des eaux minérales & médécinales.

ARTICLE PREMIER.

LES Cavaliers, Dragons ou Soldats ne pourront être

reçus dans les lieux où se prennent les eaux, hors le tems des saisons ordinaires; observant de s'y rendre assez tôt pour qu'avant la saison finie, ils puissent avoir fait usage des eaux, autant de tems qu'il sera nécessaire à leur guérison, sinon ils seront renvoyez à leur régiment; en telle sorte qu'à la fin de chaque saison il ne reste aucun malade dans aucuns desdits lieux, si ce n'est pour des cas particuliers & imprévûs, dont le médecin, ou, à son défaut, le chirurgien chargé de la dispensation des eaux, rendra compte au Secrétaire d'état ayant le département de la guerre.

II.

CHAQUE Cavalier, Dragon ou Soldat, sera porteur d'un congé militaire, ou d'un billet de sortie d'hôpital, & d'un certificat du chirurgien-major du régiment où il sert, ou du médecin & du chirurgien-major de l'hôpital d'où il sera sorti, contenant la nature & le détail de sa maladie, sur lequel le médecin ou chirurgien qui sera chargé de la dispensation des eaux, puisse juger si elles lui sont convenables, sinon il sera renvoyé dans les vingt-quatre heures.

III.

LE médecin ou chirurgien chargé de la dispensation des eaux, marquera au dos du congé ou du billet de l'hôpital, s'il estime que le Soldat, Cavalier ou Dragon doive être reçu à prendre les eaux, ou s'il doit être renvoyé; & dans les deux cas ledit Soldat, Cavalier ou Dragon, portera ledit congé ou billet au Commissaire des guerres, qui le fera recevoir à l'hôpital, s'il y en a d'établi dans le lieu, & lui expédiera un billet d'entrée, ou s'il n'y a point d'hôpital, un billet de logement.

1er Janvier 1747

IV.

LE Commissaire des guerres enregistrera dans un registre qu'il tiendra à cet effet, les noms de famille & de guerre du Soldat, Cavalier ou Dragon, celui du lieu de sa naissance, l'élection, bailliage, sénéchaussée ou châtellenie dans le ressort desquels ledit lieu sera situé, le nom du régiment & celui de la compagnie où il sert, le jour de son entrée, & celui de son départ pour aller joindre son corps; duquel registre ledit Commissaire envoyera copie tous les premiers de chaque mois à l'Intendant & au Secrétaire d'état ayant le département de la guerre; ce qui n'aura lieu dans les lieux où le Roy a des établissemens formez pour les malades & blessés de ses troupes qui prennent les eaux, dans lesquels lesdits malades ou blessés seront reçus & employez dans les états, en la même forme & manière que dans les autres hôpitaux militaires.

V.

LES Soldats, Cavaliers ou Dragons admis à prendre les eaux, déposeront leur épée ou autres armes, s'ils en ont, au directeur de l'hôpital, & au cas qu'il n'y ait point d'hôpital, chez le Commissaire des guerres: lesdites armes seront étiquetées, pour leur être rendues à leur départ; Sa Majesté faisant très-expresses défenses auxdits Soldats, Cavaliers ou Dragons, de porter aucunes armes, de quelque espèce que ce soit, pendant leur séjour aux eaux, & de les cacher chez les habitans du lieu, à peine auxdits Soldats, Cavaliers ou Dragons, de prison, & d'être renvoyez à leur régiment, & aux habitans qui auront caché lesdites armes, de prison, & de vingt livres d'amende applicable au profit des pauvres de la paroisse.

VI.

Veut & entend au surplus Sa Majesté, que les Soldats, Cavaliers & Dragons reçus pour prendre les eaux dans les hôpitaux ou autres établissemens formez à cet effet, se conforment aux règlemens de police observez dans les autres hôpitaux, aux peines y portées.

VII.

Ceux qui au défaut d'hôpital, ou faute de place dans l'hôpital, auront été logez chez les habitans, se retireront chez leur hôte à sept heures du soir, à peine de vingt-quatre heures de prison pour la première fois qu'ils auront été surpris dans les rues après ladite heure; & en cas de récidive, d'être renvoyez à leur régiment.

VIII.

Défend Sa Majesté auxdits Soldats, Cavaliers & Dragons, d'exiger de leurs hôtes autre chose que le lit & place au feu & à la lumière desdits hôtes, chez lesquels ils vivront au moyen de leur solde, à peine de vingt-quatre heures de prison, & d'être renvoyez à leur régiment.

IX.

Ceux qui auront obtenu permission de sortir de l'hôpital, s'il y en a, ou ceux qui seront logez chez les habitans, ne pourront, pour quelque cause que ce soit, s'éloigner du lieu où se prennent les eaux, & aller dans les villages voisins, ni aller manger & boire au cabaret, sous les mêmes peines; faisant Sa Majesté très-expresses défenses aux habitans de donner ni vendre du vin, de l'eau de vie, ou autre boisson que ce puisse être, aux Soldats, Cavaliers & Dragons nourris à l'hôpital; & dans les lieux où ils vivront au moyen de leur solde, plus d'une chopine de vin à la fois

& dans le même jour, à peine de cent livres d'amende pour la première contravention, & de plus grande punition en cas de récidive : Enjoint aux Officiers municipaux de tenir la main à l'exécution du présent article, à peine d'en demeurer responsables.

X.

FAIT pareillement Sa Majesté très-expresses défenses aux Soldats, Cavaliers & Dragons, de faire aucun trafic de tabac, ou autres marchandises, même de celles dont le commerce est permis aux particuliers, à peine d'être arrêtez & punis suivant la rigueur des ordonnances.

X I.

CHAQUE Soldat, Cavalier ou Dragon, qui ayant accompli son tems aux eaux, se trouvera en état de retourner à son régiment, sortira de l'hôpital, s'il y en a, aussi-tôt qu'il sera renvoyé par le médecin ou par le chirurgien; observant de prendre un billet de sortie en la même forme & manière que celle qui sera indiquée au titre XVII, article III & suivans : & à l'égard des lieux où il n'y a point d'hôpitaux, les billets leur seront expédiez par le Commissaire des guerres.

X I I.

ORDONNE Sa Majesté qu'au défaut de Commissaire des guerres, tout ce qui lui est prescrit par les articles du présent titre, sera exécuté par le Subdélégué de l'Intendant; au défaut du Subdélégué, par l'Officier de maréchaussée en résidence, & au défaut d'Officier de maréchaussée en résidence, par le principal Officier municipal de chaque lieu; auxquels Sa Majesté mande & ordonne de tenir la main chacun en droit soi, à l'exécution de ce que dessus.

TITRE QUATORZIÈME.

De la netteté, clarté & température dans les hôpitaux.

ARTICLE PREMIER.

DANS les hôpitaux fixes & ſédentaires le Commiſſaire des guerres donnera ſes ordres pour faire blanchir les ſalles & les portes, & lambris, avec de la chaux vive, au commencement du printems, afin d'y entretenir la propreté & de détruire les inſectes. Il en ſera uſé de même, autant que faire ſe pourra, lors de l'établiſſement des hôpitaux que le ſervice des armées exige en tems de guerre.

I I.

LE contrôleur ſera particulièrement chargé, ſous les ordres du Commiſſaire des guerres, de faire balayer & nettoyer les ſalles deux fois par jour, le matin avant les viſites & panſemens, le ſoir immédiatement après les repas, & plus ſouvent s'il eſt néceſſaire; il fera pareillement balayer les cours & les eſcaliers, au moins une fois par jour.

I I I.

LE même contrôleur aura ſoin de faire parfumer les ſalles, en y faiſant brûler du bois de genièvre ou autre bois odoriferant, trois fois par jour pour le moins, ſur-tout avant & pendant les panſemens.

I V.

IL fera tenir les cuiſines, la boulangerie, la boucherie & autres endroits de l'hôpital, dans un grand état de netteté, & ordonnera aux cuiſiniers de laver les tables où ſe coupe

1er Janvier 1747.

la viande des malades, deux fois par jour, avec de l'eau bouillante.

V.

Il visitera très-souvent les ustensiles de cuivre, pour examiner s'il n'y a point de verd de gris, & obligera le directeur ou entrepreneur à les faire étamer, lorsqu'il en sera besoin, & au moins tous les mois.

V I.

Il veillera à ce que les infirmiers servant les malades, se tiennent sur eux le plus proprement qu'il leur sera possible, & fera renvoyer ceux qui, après avoir été avertis, ne se conformeroient pas à ce qu'il leur aura ordonné à cet égard.

V I I.

Aux approches de l'hiver le Commissaire des guerres fera visiter & mettre en état les poêles & fourneaux servant à chauffer les salles des malades, sans attendre qu'il fasse froid, & obligera l'entrepreneur ou directeur à faire une provision de bois suffisante.

VIII.

Le feu commencera à être allumé dans lesdites salles au jour qui sera fixé par le Commissaire des guerres, & cessera pareillement au jour ordonné de la même manière; à quoi le contrôleur aura soin de tenir la main.

I X.

Dans les beaux jours le contrôleur fera ouvrir les fenêtres, pour donner de l'air aux salles; ce qu'il ne fera néanmoins que du consentement du médecin ou du chirurgien-major.

X.

Les Lampes seront allumées dans l'hôpital, une demi-heure avant la nuit, par les infirmiers, & entretenues sans discontinuation, tant qu'elle durera, de l'huile qui sera fournie à cet effet par l'entrepreneur. Le Commissaire des guerres ordonnera le nombre de lumières qu'il jugera nécessaire, & le contrôleur tiendra encore la main à l'exécution des ordres du Commissaire des guerres à cet égard.

TITRE QUINZIE'ME.

De la police dans l'intérieur des hôpitaux.

ARTICLE PREMIER.

IL ne sera souffert aucunes armes aux malades ou blessés, dans les salles de l'hôpital; & si quelqu'un d'eux se trouve en avoir, elles lui seront ôtées: celles qui feront partie de l'armement uniforme du régiment, seront remises au magasin, & les autres seront confisquées au profit des pauvres du lieu.

II.

FAIT Sa Majesté très-expresses défenses à tous Soldats, Cavaliers ou Dragons malades ou blessez, de porter sur eux de la poudre à tirer dans lesdites salles, à peine d'être sévèrement punis à leur sortie.

III.

LORSQU'IL y aura deux portes d'entrée dans un hôpital, il n'en sera laissé qu'une ouverte, avec une barrière à laquelle l'entrepreneur mettra un commis ou portier à ses frais, à l'effet de ne laisser entrer aucunes femmes dans l'hôpital, l'hôpital, & de n'en laiſſer ſortir aucuns malades, convaleſcens ou infirmiers, ſans un billet ſigné d'un Officier de l'hôpital; comme auſſi de ne permettre l'entrée d'aucunes denrées, boiſſons, fruits ou autres alimens, que ceux qui ſeront introduits par l'entrepreneur pour le ſervice, ou par les Officiers dudit hôpital pour leur conſommation particulière. Il ſera permis audit portier de fouiller les gens qui lui paroîtront ſuſpects, pour être les choſes qui appartiendront audit entrepreneur, à lui rendues, & les autres priſes en contravention, confiſquées au profit dudit portier, auquel la ſentinelle & la garde de l'hôpital prêteront main-forte quand il le requerra.

I V.

TOUT Soldat, Cavalier ou Dragon malade ou convaleſcent, qui ſera ſorti de l'hôpital ſans permiſſion, qui découchera, ou qui rentrera ivre, ſera mis en priſon au pain & à l'eau par le Commiſſaire des guerres.

V.

LES Soldats qui ayant eu la permiſſion de ſortir, apporteront à leurs camarades des boiſſons & alimens de quelque eſpèce que ce puiſſe être, & ceux des malades ou bleſſés qui vendront leurs portions à d'autres, ſeront mis à la diète le lendemain.

V I.

TOUT Soldat malade, accuſé ou convaincu de crime, ſera gardé à vûe, à l'effet que le Commiſſaire des guerres le faſſe punir à ſa ſortie, des peines proportionnées au délit.

V I I.

LE Commiſſaire des guerres & le contrôleur écouteront

les plaintes qui leur seront portées par les malades ou blessés, afin de leur faire rendre justice.

VIII.

Les malades ou blessés qui insulteront les chirurgiens ou infirmiers, ou autres personnes qui les servent, seront punis sévèrement par le Commissaire des guerres à leur sortie.

IX.

Enjoint Sa Majesté aux malades & blessés de porter honneur & respect aux aumôniers, frères de la charité, & autres religieux & religieuses, médecins, chirurgiens, apothicaires, contrôleurs, entrepreneurs & leurs commis, à peine de punition exemplaire.

X.

Tous les Officiers de chaque hôpital tiendront exactement la main à ce que les convalescens ne fument dans leur lit & dans les salles, à peine de châtiment, sauf auxdits convalescens à aller fumer dans les lieux qui leur seront indiquez à cet effet.

XI.

Enjoint pareillement Sa Majesté à tous officiers de ses hôpitaux, d'empêcher les malades ou blessés de jouer dans les salles à aucune sorte de jeux qui peuvent faire du bruit ou exciter des querelles & rixes: Veut & ordonne que l'argent qui se trouvera devant les joueurs, soit saisi & distribué sur le champ aux pauvres.

XII.

Tout Soldat, Cavalier ou Dragon, qui jurera, blasphèmera, ou tiendra de mauvais discours dans l'hôpital, sera puni par le Commissaire des guerres, selon l'exigence des cas, ſoit pendant ſon ſéjour à l'hôpital, ſoit à ſa ſortie.

XIII.

FAIT Sa Majeſté défenſes à tous malades ou bleſſés d'entrer dans les bureaux, cuiſines, boucheries, panneteries, caves, apothicaireries, magaſins, & autres lieux où leur préſence n'eſt pas néceſſaire, & d'y troubler le ſervice, à peine de punition arbitraire.

XIV.

TOUT Soldat qui ne ſe trouvera pas à ſon lit lors de la diſtribution des alimens, en ſera privé; leur fait Sa Majeſté défenſes de manger & boire dans une autre place que celle où ils couchent.

TITRE SEIZIÉME.

Des Teſtamens des malades ou bleſſés dans les hôpitaux.

ARTICLE PREMIER.

NUL ne pourra teſter en faveur des Officiers de l'hôpital où il ſera, pas même de l'aumônier ni de ſon couvent, ſous prétexte de legs pieux; & les teſtamens au profit deſdits officiers de l'hôpital, aumôniers ou leurs couvents, ſeront nuls & de nul effet: l'aumônier pourra cependant, en envoyant l'extrait mortuaire, avertir la famille des intentions du défunt.

TITRE DIX-SEPTIÈME.

De la ſortie des Soldats, Cavaliers & Dragons, des hôpitaux.

ARTICLE PREMIER.

LES malades ou bleſſés qui doivent ſortir de l'hôpital, ſeront inſcrits dès la veille dans une note qui ſera remiſe à cet effet par les médecins & chirurgiens-majors au contrôleur de l'hôpital, s'il y en a, ou, à ſon défaut, au Commiſſaire des guerres, qui viſeront ladite note & la remettront au directeur ou entrepreneur de l'hôpital.

II.

AU moyen de la note ci-deſſus, le directeur ou entrepreneur étant averti des malades ou bleſſés qui doivent ſortir le lendemain, la journée de la ſortie ne ſera point paſſée auxdits directeurs & entrepreneurs dans l'état qui ſera arrêté chaque mois de la dépenſe de l'hôpital.

III.

LORS de la ſortie des Soldats, Cavaliers ou Dragons de l'hôpital où ils auront été guéris, pour rejoindre leur corps, il leur ſera expédié par l'entrepreneur ou directeur, un billet de ſortie dans un cartouche, contenant le nom du régiment & de la compagnie, ceux de famille & de guerre du Soldat, Cavalier ou Dragon, celui du lieu de ſa naiſſance, l'élection, bailliage, ſénéchauſſée ou châtellenie dans le reſſort deſquels ledit lieu ſera ſitué, la date de ſon entrée dans l'hôpital, & celle de ſa ſortie.

IV.

LES Soldats, Cavaliers ou Dragons ſortis des hôpitaux,

ſeront tenus en rejoignant leur corps, de repréſenter & remettre leur billet de ſortie à leur Capitaine; à peine pour ceux qui ne le repréſenteront pas, d'être punis comme vagabonds, & d'être privez du décompte qui leur doit être fait par leur Capitaine, ainſi qu'il ſera expliqué ci-après; & à l'égard des Soldats, Cavaliers ou Dragons qui, à compter du jour de leur ſortie, auront employé pour rejoindre leur corps, au delà du tems néceſſaire, ils ſeront punis comme vagabonds, s'ils n'ont excuſe légitime & juſtifiée.

V.

DÉFEND Sa Majeſté aux médecins de ſes hôpitaux & aux chirurgiens-majors, de ſouffrir dans leſdits hôpitaux aucuns écrouelleux, épileptiques, & généralement aucuns malades attaquez de maux incurables, ou hors d'état de ſervir par les ſuites de leurs bleſſures ou par leurs infirmités. Enjoint Sa Majeſté auxdits médecins & chirurgiens-majors de comprendre les malades de cette eſpèce dans la note de ceux qui doivent être renvoyez le lendemain; même de les faire ſortir ſur le champ s'ils jugent leur préſence dangereuſe dans l'hôpital, & de certifier ſommairement de leur état au dos de leur billet de ſortie: le tout à peine par leſdits médecins & chirurgiens d'en répondre, & de privation de leur emploi. Ordonne Sadite Majeſté aux Commiſſaires des guerres, & aux contrôleurs en leur abſence, de donner avis aux Officiers-majors des régimens, des Soldats ainſi renvoyez comme incurables, afin qu'ils ne ſoient plus compris à l'avenir dans les revûes deſdits régimens & états des Soldats, Cavaliers & Dragons déclarez comme étant aux hôpitaux lors deſdites revûes.

V I.

N'ENTEND néanmoins Sa Majesté comprendre dans la disposition du précédent article les Soldats, Cavaliers ou Dragons, qui par l'ancienneté de leurs services ou par leurs blessures paroîtront dans le cas d'avoir mérité les Invalides, auxquels sera donné par le Commissaire des guerres un délai suffisant pour écrire à leur régiment & en faire venir les certificats nécessaires; lequel délai sera arbitré par le Commissaire, eu égard à la distance du régiment, & ne pourra excéder le mois dans l'étendue du royaume. Le délai passé sans que le Soldat, Cavalier ou Dragon ait reçu ses certificats, il sera mis hors de l'hôpital en la forme ci-dessus; & s'il les a reçus, le Commissaire des guerres en informera sur le champ le Secrétaire d'état ayant le département de la guerre, afin qu'il y pourvoie.

V I I.

POUR l'exécution des articles précédens, veut & ordonne Sa Majesté que chaque chirurgien-major soit tenu d'avoir un registre coté & paraphé à chaque page par le Commissaire des guerres, dans lequel il inscrira les noms de famille & de guerre, le lieu de la naissance, l'élection, bailliage, sénéchaussée ou châtellenie dans le ressort desquels ledit lieu sera situé; le nom du régiment, celui de la compagnie, & le jour de l'entrée dans l'hôpital, de chaque Soldat, Cavalier ou Dragon, qui ayant été traitez dans ledit hôpital, ne se trouveront plus en état de servir par leurs infirmités; même ceux qui s'étant présentez pour être reçus, auront été renvoyez comme incurables : il y expliquera par un détail sommaire dans une colonne d'observations, le genre d'infirmités dont l'incurable est attaqué; duquel regiſtre ledit chirurgien-major envoyera le premier de chaque mois, au Secrétaire d'état ayant le département de la guerre, un extrait pour le mois précédent, viſé par le médecin de l'hôpital, s'il y en a.

VIII.

En cas de changement du chirurgien-major de l'hôpital, pour paſſer dans un autre, ou pour toute autre deſtination, ledit chirurgien-major ſortant ſera tenu de remettre le regiſtre ci-deſſus au chirurgien-major entrant, & ne ſera payé de ſes appointemens qu'en rapportant le récépiſſé dudit regiſtre, ſigné par ſon ſucceſſeur.

IX.

Quant aux convaleſcens dont la ſortie aura été ordonnée par la note du jour précédent, les médecins ou chirurgiens-majors ſe feront repréſenter ladite note, pour connoître ſi les malades ſont effectivement renvoyez, ou examiner ſi les cauſes pour leſquelles ils auroient été retenus, ſont légitimes: en cas qu'elles ne le ſoient pas, ils en donneront avis ſur le champ au Commiſſaire des guerres & au contrôleur, pour y pourvoir; & faute par les Commiſſaires des guerres & contrôleurs, d'avoir fait ſortir leſdits convaleſcens, leſdits médecins & chirurgiens-majors en inſtruiront le Secrétaire d'état ayant le département de la guerre, par la mention qu'ils en feront dans la colonne d'obſervations de l'extrait de leur regiſtre pour chaque mois.

X.

Les médecins & chirurgiens-majors ne ſouffriront, en aucun cas, que les convaleſcens ſoient employez comme infirmiers dans l'hôpital; au cas qu'ils s'aperçoivent de cet abus, ils en avertiront pareillement le Commiſſaire des guerres & le contrôleur, à l'effet d'y remédier; & même en instruiront le Secrétaire d'état ayant le département de la guerre, s'il n'y étoit pas pourvû.

X I.

TOUT ce que dessus sera exécuté par les médecins & chirurgiens-majors, à peine de la retenue d'un mois de leurs appointemens pour l'omission de l'envoi chaque mois de l'extrait de leur registre, même de plus grande peine s'il y échéoit; & à l'égard des autres abus auxquels ils auroient donné lieu par leur négligence ou leur connivence, à peine de destitution de leur emploi, & d'être déclarez incapables de servir de leur vie dans des hôpitaux du Roy.

X I I.

LES directeurs & entrepreneurs des hôpitaux rendront gratuitement aux Capitaines l'habit & les hardes des Soldats, Cavaliers & Dragons décédez dans lesdits hôpitaux: & pour les dédommager de l'écu qu'ils avoient coûtume de toucher pour ledit habit, veut Sa Majesté que le Capitaine de chaque Soldat, Cavalier ou Dragon, qui sortira en bonne santé de l'hôpital où il aura été assisté, paye six sols au directeur ou entrepreneur.

TITRE DIX-HUITIÈME.

Des Morts, & de leur sépulture.

ARTICLE PREMIER.

IMMÉDIATEMENT après le décès d'un malade ou blessé, son corps sera transporté par les infirmiers de quartier, dans le lieu qui sera destiné à cet effet dans l'hôpital.

Fait

Fait Sa Majeſté très-expreſſes inhibitions & défenſes de laiſſer aucun mort dans les ſalles ou lieux de paſſage, à peine de punition exemplaire contre les infirmiers.

II.

Les corps des malades ou bleſſés décédez ne ſeront enterrez que vingt-quatre heures au plûtôt après leur mort, ſi ce n'eſt dans le cas de crainte de corruption, ou autres cas qui doivent être exceptez pour la ſalubrité de l'hôpital, deſquels cas il n'y aura que le médecin & le chirurgien-major qui puiſſent décider.

III.

Les enterremens ſeront faits, autant qu'il ſera poſſible, à la pointe du jour. Enjoint Sa Majeſté aux aumôniers d'y aſſiſter, pour y réciter les prières ordonnées par l'égliſe.

IV.

Les foſſes dans leſquelles les morts ſeront dépoſez, auront au moins quatre pieds de profondeur, & ſeront bien exactement remplies de terre bien foulée, après que les corps y auront été placez. Veut Sa Majeſté que les foſſoyeurs ou tous autres qui ſe trouveront convaincus d'avoir enlevé les draps ou linceuls dans leſquels leſdits défunts auront été enſevelis, ſoient mis en priſon pour être punis ſuivant l'exigence du cas.

V.

Permet & même enjoint Sa Majeſté aux médecins & chirurgiens de ſes hôpitaux, en cas de ſoupçon de maladie épidémique ou autres cas ſinguliers, de faire ou faire faire en leur préſence ouverture des cadavres, à l'effet d'acquérir la connoiſſance des cauſes deſdits cas & maladies, néceſſaires à leur traitement; de laquelle ouverture ils dreſſeront procès verbal contenant leurs observations, s'il y en a à faire qui leur paroissent importantes, & adresseront sur le champ ledit procès verbal à l'Intendant du département & au Secrétaire d'état ayant le département de la guerre.

VI.

L'AUMOSNIER de chaque hôpital sera tenu d'avoir un registre coté & paraphé à chaque page par le Commissaire des guerres, dans lequel il inscrira tous les malades ou blessés qui seront morts dans l'hôpital dont il a la direction spirituelle: ce registre contiendra le nom de famille & de guerre de chaque Soldat, Cavalier ou Dragon, le lieu de sa naissance, l'élection, bailliage, sénéchaussée ou châtellenie dans le ressort desquels ledit lieu sera situé, le nom du régiment & de la compagnie où il servoit, la date du jour de son entrée dans l'hôpital, & celle du jour qu'il sera décédé.

VII.

AU cas que l'aumônier n'eût pas par lui-même connoissance du Soldat, Cavalier ou Dragon décédé, pour pouvoir en porter tous signalemens requis sur son registre, il aura recours au billet d'entrée, que l'entrepreneur ou directeur sera tenu de lui représenter.

VIII.

EN cas de retraite ou changement de l'aumônier d'un hôpital, pour passer dans un autre, l'aumônier sortant sera tenu de remettre à l'aumônier entrant le registre ci-dessus; & ledit aumônier sortant ne sera payé de ses appointemens qu'en rapportant le récépissé dudit registre signé par son successeur.

1.er Janvier 1747.

I X.

L'AUMOSNIER tirera journellement de chaque article de ſon regiſtre, deux certificats du décès de chaque Soldat, Cavalier & Dragon décédé; leſquels certificats il ſera ſigner & légaliſer par le Commiſſaire des guerres, pour les envoyer au régiment, d'où le Capitaine ou Officier commandant la compagnie en ſon abſence, en ſera paſſer un à la famille du défunt.

X.

L'AUMOSNIER en place à la fin de chaque mois, envoyera le premier du mois ſuivant, au Secrétaire d'état ayant le département de la guerre, extrait de ſon regiſtre pour le courant du mois précédent.

X I.

TOUT ce que deſſus ſera exécuté par les aumôniers de chacun des hôpitaux de Sa Majeſté, à peine de la retenue d'un mois de leurs appointemens pour la première contravention; & en cas de récidive, d'être renvoyez de l'hôpital, ſans eſpérance d'y pouvoir être rétablis, ni dans aucun autre.

X I I.

POUR aſſurer la connoiſſance néceſſaire à l'ordre des ſucceſſions & au repos des familles des Soldats, Cavaliers & Dragons décédez au ſervice du Roy, & remédier aux inconvéniens qui pourroient réſulter de la perte des regiſtres des aumôniers, ou des certificats mortuaires envoyez aux régimens; ordonne Sa Majeſté que par les ordres du Secrétaire d'état ayant le département de la guerre, il ſera tenu un regiſtre alphabétique, dans lequel, régiment par régiment & compagnie par compagnie, ſeront enregiſtrez tous les Soldats, Cavaliers ou Dragons morts dans les hôpitaux du royaume; ledit regiſtre contenant leurs noms de famille & de guerre, le lieu de leur naiſſance, l'élection, bailliage, ſénéchauſſée ou châtellenie dans le reſſort deſquels ledit lieu ſera ſitué, le nom de l'hôpital où ils ſeront décédez, & la date de leur décès; duquel regiſtre il ſera délivré des extraits par celui qui ſera commis & prépoſé à cet effet par ledit Secrétaire d'état.

TITRE DIX-NEUVIÈME.

De l'hôpital ambulant.

ARTICLE PREMIER.

SOIT que les hôpitaux ambulans à la ſuite des armées ſoient deſſervis par régie ou par entrepriſe, on s'y conformera à tout ce qui eſt preſcrit dans les titres & articles du préſent règlement.

II.

FAIT défenſes Sa Majeſté aux Officiers de ſes troupes, d'expédier aux Soldats, Cavaliers & Dragons malades ou bleſſés, aucuns billets d'entrée dans les hôpitaux ambulans, lorſque leſdits malades ou bleſſés ſeront en état de ſe tranſporter ſans danger dans l'hôpital fixe le plus prochain.

III.

FAIT Sa Majeſté ſemblables défenſes aux Commiſſaires des guerres, directeurs & contrôleurs, ayant la police & adminiſtration des hôpitaux ambulans, d'y recevoir ou admettre aucun Soldat, Cavalier ou Dragon malade ou bleſſé, qui ſera en état de ſe rendre ſans danger dans l'hôpital fixe le plus prochain; leur enjoint de les renvoyer à leurs Officiers, pour leur être expédié d'autres billets; sauf néanmoins le cas où lesdits Officiers se trouveroient trop éloignez, auquel cas les Commissaires des guerres pourront mettre au dos du billet qui leur sera présenté, l'ordre pour la réception du malade ou blessé dans ledit hôpital plus prochain.

IV.

LES malades ou blessés n'étant admis dans les hôpitaux ambulans que pour y recevoir les premiers secours, lesdits hôpitaux seront évacuez journellement sur l'hôpital le plus prochain, & ce conformément à ce qui est porté par le titre second.

TITRE VINGTIÉME.

De la forme & de l'arrêté mois par mois, des états de dépense des hôpitaux du Roy.

ARTICLE PREMIER.

LE directeur ou entrepreneur de chaque hôpital sera tenu d'avoir un registre sur lequel il portera jour par jour, & sans aucun blanc ni interligne, tous les malades ou blessés restez dans l'hôpital le dernier du mois précédent, ceux qui y seront entrez pendant le mois courant, ceux qui en seront sortis, & enfin ceux qui y seront décédez : ce registre sera paraphé à chaque page par le Commissaire des guerres.

II.

LE registre contiendra pour chaque malade ou blessé, les noms du régiment & de la compagnie, ceux de famille & de guerre, avec la qualité, le lieu de la naissance, l'élection, bailliage, sénéchaussée ou châtellenie dans le ressort desquels ledit lieu sera situé, le jour de l'entrée, celui de la sortie & celui de la mort, conformément aux billets d'entrée qui leur seront remis ainsi qu'il est ordonné au titre premier précédent article III; & ledit entrepreneur ou directeur enliassera lesdits billets d'entrée lors de leur réception, par ordre de régiment & de date.

III.

Le contrôleur de l'hôpital, s'il y en a, tiendra de sa part un registre semblable, qu'il sera en état de remplir au moyen des billets d'entrée qui lui seront présentez avant d'être remis à l'entrepreneur ou directeur, des états de transport des malades de l'hôpital dans un autre, des notes des médecins & chirurgiens-majors pour la sortie des convalescens ou incurables, qui lui seront communiquées chaque jour, des billets desdites sorties, qu'il visera, & des registres des aumôniers & chirurgiens, qu'ils seront tenus de lui représenter toutes les fois qu'il le demandera.

IV.

Au premier de chaque mois l'entrepreneur ou directeur de l'hôpital sera tenu de présenter au Commissaire des guerres l'état des journées des Soldats, Cavaliers ou Dragons qui restoient audit hôpital au premier du mois précédent, de ceux qui y seront entrez malades ou blessés pendant ledit mois, de ceux qui en seront sortis, & de ceux qui y seront décédez. Cet état sera distingué régiment par régiment, & contiendra en plusieurs colonnes, le nom de la compagnie de chaque Soldat, Cavalier ou Dragon, ses noms de famille & de guerre, avec ses qualités, le lieu de sa naissance, l'élection, bailliage, senéchaussée ou châtellenie

1.er Janvier 1747

dans le reſſort deſquels ledit lieu ſera ſitué, & par les lettres diſtinctives *M. B. V.* s'il eſt malade, bleſſé ou attaqué du mal vénérien, les jours d'entrée, de ſortie ou de mort, & le total des journées que chaque malade ou bleſſé aura été dans l'hôpital pendant ledit mois.

V.

L'ENTREPRENEUR ou directeur joindra à l'état ci-deſſus les pièces juſtificatives de l'entrée de chaque Soldat, Cavalier ou Dragon, conſiſtant dans les billets d'entrée & les états de tranſport des malades & bleſſés qui auront été envoyez des autres hôpitaux.

VI.

L'ÉTAT contiendra enſuite une récapitulation de la dépenſe, contenant en pluſieurs colonnes, régiment par régiment, le nombre & qualités des malades ou bleſſés, le nombre des journées, le prix accordé à l'entrepreneur, la retenue à faire à chaque corps, tant pour la ſolde que pour le droit de ſix ſols pour la ſortie de chaque convaleſcent, le ſupplément à payer par le Roy, & le total de chaque article.

VII.

ENFIN l'état ſera terminé par une ſeconde récapitulation des malades ou bleſſés reſtez du mois précédent, de ceux qui ſeront entrez, ſortis ou morts pendant le mois dont il s'agit de conſtater l'état, & de ceux qui reſtoient le dernier dudit mois.

VIII.

L'ENTREPRENEUR ou directeur ſera tenu de faire mention dans la colonne des jours de ſortie, des Soldats, Cavaliers ou Dragons qui, de ſon hôpital, auront été envoyez dans un autre; ce qu'il fera en écrivant au dessous de la date de la sortie, le nom de l'hôpital où le Soldat, Cavalier ou Dragon aura été envoyé.

I X.

L'ÉTAT présenté au Commissaire des guerres en la forme ci-dessus, sera par lui vérifié sur les pièces justificatives, en présence du contrôleur, de l'aumônier, du médecin & du chirurgien-major, lesquels apporteront les registres qu'ils auront tenus, & les communiqueront au Commissaire lorsqu'ils en seront requis; & ladite vérification faite, l'état sera clos & arrêté par ledit Commissaire, & visé par le contrôleur.

X.

VEUT & ordonne Sa Majesté qu'au cas que par la vérification ci-dessus, il se trouve que les directeurs ou entrepreneurs aient employé des noms de malades ou blessés, supposez, ou qu'ils aient augmenté les journées desdits malades ou blessés au delà de celles qu'ils ont effectivement passées dans l'hôpital, il en soit dressé procès verbal par le Commissaire des guerres, qui le fera signer par le contrôleur, aumônier, médecin & chirurgien-major, présens; pour, sur le vû dudit procès verbal, être lesdits directeurs ou entrepreneurs condamnez aux peines portées en l'article XVI du titre premier; & au cas qu'il y ait un dénonciateur, la moitié de l'amende de quinze cens livres sera prononcée à son profit, l'autre moitié au profit de l'hôpital du lieu ou du plus prochain; de laquelle moitié d'amende le dénonciateur sera payé en déduction de ce qui sera dû au directeur ou entrepreneur coupable, sur le certificat du Commissaire des guerres, portant que la fausseté ou supposition ont été reconnues sur sa dénonciation.

XI

X I.

Il sera fait deux expéditions de l'état de chaque mois, signées l'une comme l'autre, par l'entrepreneur ou directeur, par le contrôleur & Commissaire des guerres; desquelles expéditions l'une sera adressée au Secrétaire d'état ayant le département de la guerre, avec les pièces justificatives, & la seconde expédition sera envoyée à l'Intendant, pour ordonner le payement de la dépense à la charge de la retenue, à l'effet de laquelle ladite expédition sera remise au Trésorier général : Et seront lesdites expéditions remises à leur destination le 10, & au plus tard le 15 du mois suivant celui pour lequel l'état aura été arrêté; à peine contre le directeur ou entrepreneur, de cent livres d'amende pour chaque jour de retard, sauf néanmoins à avoir égard à l'éloignement des hôpitaux établis pour les armées en pays étranger.

XII.

Il sera arrêté tous les mois, & envoyé dans le même délai & sous les mêmes peines, un état séparé dans chaque hôpital, pour les troupes de la Maison du Roy qui reçoivent leur payement par les mains du Trésorier général de l'Ordinaire des guerres, auquel lesdits états séparez seront remis, pour opérer par lui les retenues sur lesdites troupes.

TITRE VINGT-UNIE'ME.

Des retenues aux troupes pour journées d'hôpitaux.

Article Premier.

La solde des Sergens, Caporaux, Anspessades, Grenadiers, Soldats, y compris ceux de Royal-Artillerie

Compagnies de Mineurs & Ouvriers, Brigadiers, Carabiniers, Cavaliers, Dragons & Huſſards, qui ſeront malades dans les hôpitaux du Roy, ſera payée à l'entrepreneur juſques à concurrence du prix réglé par ſon marché pour chaque journée de malade, déduction faite de ce qui eſt affecté à l'entretien du linge & chauſſure, à la Maſſe pour les troupes qui la reçoivent conjointement avec le prêt, & au ferrage pour la Cavalerie.

II.

LADITE ſolde, aux déductions portées en l'article précédent, ſera payée à l'entrepreneur ſans aucune retenue des quatre deniers pour livre.

III.

LORSQU'UN malade ſortira de l'hôpital, il lui ſera fait décompte par ſon Capitaine, de ce qui eſt affecté à ſon entretien & chauſſure, pour tout le tems qu'il y aura paſſé; & ſi ſa ſolde, après ladite déduction, ſe trouve excéder le prix de la journée fixé à l'entrepreneur, la ſomme à laquelle ſe trouvera monter cet excédent, lui ſera pareillement payée.

IV.

L'EXCÉDENT du prix de la journée du malade au delà de la ſolde, ſera payé à l'entrepreneur comme par le paſſé, ſur le compte de Sa Majeſté, par le Tréſorier de l'Extraordinaire des guerres.

V.

LES journées qui ſe trouveront employées dans les états d'hôpitaux pour le trente-unième jour des mois de janvier, mars, mai, juillet, août, octobre & décembre, ſeront payées en entier par ledit Tréſorier, ſur le compte de Sa Majeſté,

& sur le même pied que les autres journées.

V I.

A l'égard des Sergens, Caporaux, Anspessades & Soldats des régimens Suisses, & de ceux d'Infanterie allemande d'Alsace, de Saxe, la Marck, Royal-Suédois, Royal-Bavière & Lowendal, dont la solde n'est point détaillée par les ordonnances de Sa Majesté, Elle veut & entend que le prix des journées qu'ils auront passées à l'hôpital, leur soit retenu sur le même pied qu'aux Sergens, Caporaux, Anspessades & Soldats d'Infanterie françoise.

TITRE VINGT-DEUXIE'ME.

Des Commissaires des guerres chargez de la police des hôpitaux.

ARTICLE PREMIER.

TOUS les officiers & employés de chaque hôpital, sans aucune exception, seront aux ordres du Commissaire des guerres, auquel ils rendront compte de leur conduite, & seront tenus de représenter leurs registres toutes les fois qu'il le requerra, à peine de désobéissance.

I I.

LE Commissaire des guerres tiendra la main à ce que lesdits officiers & employés exécutent ce qui leur est prescrit par les articles précédens du présent règlement, & par ceux qui vont suivre. En cas de négligence, fraude ou autres délits de la part des directeur, contrôleur, aumônier, médecin, chirurgien-major ou aide-major & apothicaire en chef, il en instruira l'Intendant du département, & procédera contr'eux ainsi qu'il est ci-dessus ordonné pour les cas qui ont été prévûs, même pourra les interdire pour cas graves, & jusqu'à ce qu'autrement en ait été ordonné.

III.

A l'égard des garçons chirurgiens, garçons apothicaires, infirmiers, portiers, cuisiniers, balayeurs, & généralement de tous les bas employés de l'hôpital commis à ses soins, il les punira des peines portées au présent règlement; & dans les cas imprévûs, par amendes au profit des pauvres du lieu, expulsion de l'hôpital & emprisonnement, suivant les circonstances: à la charge néanmoins, audit cas d'emprisonnement, d'en informer l'Intendant du département, & d'attendre ses ordres pour mettre le coupable en liberté, ou pour passer à de plus grandes poursuites.

IV.

TOUT Soldat, Cavalier ou Dragon malade ou blessé dans l'hôpital, sera pareillement soûmis aux ordres & à la jurisdiction du Commissaire des guerres, dans les cas ci-devant prévûs, ou autres de désobéissance, ou qui intéresseront la police & le bon ordre dans l'hôpital.

V.

LE Sergent de garde de l'hôpital recevra les consignes du Commissaire des guerres, pour les donner aux sentinelles, & sera à ses ordres.

VI.

INDÉPENDAMMENT des visites journalières que le Commissaire des guerres fera dans toutes les salles, offices & magasins de l'hôpital, il en fera souvent d'extraordinaires, de jour & de nuit, & aux momens où il sera le moins attendu, pour s'assurer par lui-même de la régularité avec laquelle se fait le service. Lors de ces visites il se fera rapporter le regiſtre de l'entrepreneur ou du directeur, ſur lequel il fera lui-même l'appel des malades & bleſſés, chirurgiens, apothicaires & infirmiers; & au cas de ſuppoſition, il procédera contre l'entrepreneur ou le directeur, ainſi qu'il eſt porté par l'article XVI du titre premier.

VII.

Le Commiſſaire des guerres ſera tenu au ſurplus, de ſe conformer à tout ce qui le concerne perſonnellement dans les articles du préſent règlement.

TITRE VINGT-TROISIE'ME.

Des Contrôleurs.

Article Premier.

Le Contrôleur établi dans chaque hôpital ſuppléera aux fonctions du Commiſſaire des guerres en ſon abſence, à l'exception néanmoins des cas de juriſdiction & des peines à prononcer, qui ſeront réſervez audit Commiſſaire des guerres, pour y pourvoir à ſon retour, ſur le compte qui lui en ſera rendu par le contrôleur.

II.

A l'égard des fonctions particulières qui le concernent, il ſe conformera à tout ce qui eſt preſcrit par les articles précédens, ou ſuivans, du préſent règlement, & exécutera ponctuellement les ordres qui lui ſeront donnez par le Commiſſaire des guerres.

III.

Sur la repréſentation des billets d'entrée, le contrôleur tiendra un regiſtre de tous les Soldats, Cavaliers ou Dragons qui ſeront reçus dans l'hôpital, duquel regiſtre il remettra chaque jour un extrait au Commiſſaire des guerres, & un autre au Commandant ou Major de la place, s'il le requiert. Il aura ſoin, à l'égard de ceux qui ſeront ſortis ou décédez, de faire mention à leur article, de la date de leur ſortie ou de leur mort, leſquelles mentions il portera pareillement dans les extraits qu'il fournira au Commiſſaire des guerres, Commandant ou Major de la place.

I V.

Le même contrôleur tiendra pareillement un autre regiſtre de tous les garçons chirurgiens, garçons apothicaires & infirmiers ſervant les malades & bleſſés, lequel agenda contiendra leurs noms, les jours de leur entrée, ceux de leur ſortie, & ceux auxquels ils auront ceſſé de ſervir pour cauſe de maladie. Il remettra à la fin de chaque mois, extrait de ce regiſtre au Commiſſaire des guerres, pour le mettre en état d'arrêter en plus grande connoiſſance de cauſe, l'état de la dépenſe de l'hôpital.

V.

Le contrôleur, en aſſiſtant à l'arrêté dudit état de dépenſe de chaque mois, aura à la main leſdits regiſtres, ſur leſquels il vérifiera chaque article, pour empêcher les erreurs ou ſurpriſes, & ſera tenu de communiquer leſdits regiſtres au Commiſſaire des guerres, s'il le requiert.

V I.

Il ſera régulièrement tous les jours pendant la nuit, à neuf ou dix heures, & quelquefois plus tard, aux heures qu'il ſera le moins attendu, une ronde, pour voir ſi les chirurgiens & infirmiers de garde veillent & ſont leur ſervice, & faire punir ceux qui ſeront dans le cas de l'être.

VII.

Il aura, autant qu'il lui sera possible, dans chaque salle, un homme de confiance qui veille sécrétement sur la conduite des autres, & l'avertisse de tout ce qui s'y passera.

VIII.

Il sera de tems en tems une visite générale de tous les bâtimens de l'hôpital, dans laquelle il se fera accompagner de maçons, charpentiers & autres experts, s'il est nécessaire; & s'il trouve des réparations indispensables, il en informera sur le champ le Commissaire des guerres, afin qu'il y pourvoie ainsi qu'il conviendra.

IX.

Pour prévenir tout accident d'incendie, il aura soin que les tuyaux des cheminées, fourneaux & poêles, soient nettoyez & ramonnez tous les quinze jours, & même plus souvent s'il y échet: ce nettoyement étant à la charge de l'entrepreneur, il l'y contraindra ou fera contraindre par le Commissaire des guerres.

TITRE VINGT-QUATRIÉME.

Des Entrepreneurs, leurs Directeurs, Commis ou Préposés.

Article Premier.

Les Entrepreneurs, leurs directeurs, commis ou préposés, tiendront des registres exacts, & se conformeront scrupuleusement à ce qui leur est prescrit par le présent règlement, ainsi que par les marchés qui leur sont passez, ou le seront à l'avenir.

I I.

Les nourritures, traitement, tant en santé que maladie, ainsi que les gages & appointemens des directeurs, commis ou préposés des entrepreneurs, seront à la charge desdits entrepreneurs, auxquels il ne sera passé dans les états de dépense, que le traitement en maladie du contrôleur, ou sous-contrôleur, aumônier, médecin, chirurgien-major ou aide-major, apothicaire en chef, & autres dont les appointemens seront payez par le Roy.

I I I.

Dans les hôpitaux où il n'y aura point de contrôleur, tout ce qui est prescrit au contrôleur sera exécuté par l'entrepreneur ou par le directeur.

TITRE VINGT-CINQUIE'ME.

De l'Aumônier.

Article Premier.

L'Aumosnier ne souffrira pas qu'aucun Soldat, Cavalier ou Dragon catholique, soit trois jours dans l'hôpital sans se confesser, & n'attendra pas que le médecin ou chirurgien-major l'avertisse. Il dira tous les jours la messe à une heure réglée, fera la prière tous les soirs, & ensuite une ronde dans les salles; & ne négligera rien pour l'administration des Sacremens.

I I.

L'Aumosnier fera de tems en tems des exhortations dans les salles, & couchera toûjours dans l'hôpital s'il est possible, ou au moins très à portée: en cas qu'il y en ait deux, il suffira qu'un couche à l'hôpital toutes les nuits.

III.

III.

LE pain, le vin, les cierges, & généralement tout ce qui sera nécessaire pour l'administration des Sacremens & l'entretien de la chapelle, sera fourni par l'entrepreneur, lequel sera tenu d'avoir une lampe perpétuellement allumée devant l'autel.

IV.

ENJOINT au surplus Sa Majesté aux aumôniers de ses hôpitaux, de se conformer à ce qui leur est prescrit par le titre XVIII du présent règlement, concernant les registres mortuaires qu'ils doivent tenir, & les extraits qu'ils en doivent envoyer.

TITRE VINGT-SIXIÉME.

Du Médecin.

ARTICLE PREMIER.

LE Médecin se conformera à tout ce qui lui est prescrit par les articles du présent règlement qui le concernent.

II.

L'APOTHICAIRE en chef & les garçons apothicaires seront aux ordres principalement du médecin : aucun garçon apothicaire ne sera admis dans l'hôpital, qu'il n'ait été auparavant bien examiné par lui, ledit médecin devant être le maître de congédier lesdits garçons, & de les changer s'ils manquent de capacité & d'assiduité à leurs devoirs; ce qu'il ne pourra faire néanmoins sans le consentement du Commissaire des guerres. A l'égard de l'apothicaire en chef, ou Major des aide-majors & sous-aide-majors, il instruira le Commissaire des guerres & l'Intendant des raisons qu'il y auroit de les renvoyer, afin qu'il y soit pourvû, & pourra même les interdire de toutes fonctions en cas de nécessité urgente, & jusques à nouvel ordre.

III.

Dans les hôpitaux où il n'y aura point de médecin, ou en son absence, tout ce qui lui est prescrit par le présent règlement sera exécuté par le chirurgien-major.

TITRE VINGT-SEPTIÉME.

Du Chirurgien-major.

ARTICLE PREMIER.

Le chirurgien-major est & sera le chef de tous les chirurgiens, aide-majors & garçons chirurgiens de l'hôpital, qui seront tenus de lui obéir comme à leur supérieur, en tout ce qui concerne son art & le service.

II.

Il ne sera admis dans l'hôpital pour le service des malades ou blessés, aucun garçon chirurgien qui n'ait été auparavant bien examiné par le chirurgien-major, qui visitera aussi leurs instrumens; ledit chirurgien devant être le maître de les congédier & changer, s'ils manquent de capacité & d'assiduité à leurs devoirs; ce qu'il ne pourra faire néanmoins sans le consentement du Commissaire des guerres.

III.

Il ne sera permis au chirurgien-major de prendre pour garçon chirurgien un apprentif, dans la vûe de lui faire faire apprentissage, ou par recommandation.

IV.

Le chirurgien-major obligera tous les garçons chirur-

1er Janvier 1747

giens de coucher à l'hôpital; & s'il y eſt logé lui-même, il ſera une ronde toutes les nuits dans leur chambre, pour s'aſſurer qu'ils y ſont, ou en chargera un aide-major en ſa place.

V.

Il ſe conformera au ſurplus dans ſes fonctions, à ce qui lui eſt preſcrit par les articles du préſent règlement.

TITRE VINGT-HUITIÈME.

Des Chirurgiens-aide-majors, & Sous-aide-majors.

ARTICLE PREMIER.

Le chirurgien-major partagera le ſoin des ſalles de l'hôpital entre les chirurgiens-aide-majors & ſous-aide-majors s'il y en a, eu égard à la qualité des maladies ou bleſſures, & à leur habileté dans leur art.

II.

Les chirurgiens-ſous-aide-majors, s'il y en a, ſeront tenus d'obéir aux aide-majors lorſqu'ils ſe trouveront placez par le chirurgien-major dans la même ſalle, à l'exception cependant des cas où le major auroit donné des ordres contraires à ceux de l'aide-major.

III.

Les garçons chirurgiens attachez à chaque ſalle, obéiront aux aide-majors & ſous-aide-majors s'il y en a; & en cas de contrariété, exécuteront toûjours ce qui leur ſera preſcrit par le chirurgien ſupérieur en grade.

IV.

En cas d'abſence ou de maladie du chirurgien-major,

& jusqu'à ce qu'autrement y ait été pourvû, il sera remplacé dans toutes ses fonctions par le chirurgien-aide-major le plus ancien.

TITRE VINGT-NEUVIÉME.

Des Garçons chirurgiens.

ARTICLE PREMIER.

LE chirurgien-major commandera chaque jour un chirurgien de garde, qui, sous peine d'amende pour la première fois, & d'être congédié pour la seconde, ne sortira pas de l'hôpital le jour de sa garde, pour être toûjours à portée de remédier aux accidens qui peuvent arriver en l'absence du chirurgien-major ou aide-major, le jour & la nuit; pour visiter les malades qui entrent, & les faire placer dans les salles qui leur sont destinées par rapport à la nature de leurs maladies, & ordonner les remédes qui leur sont nécessaires; à quoi l'apothicaire se conformera.

II.

EN cas d'accidens graves & pressans, le chirurgien de garde envoyera avertir le médecin ou le chirurgien-major.

III.

LE chirurgien de garde tiendra la main à ce que les sentinelles & les infirmiers fassent leur devoir pour empêcher les désordres; & il aura la plus grande attention pour que les malades ou blessés ne mangent aucun fruit ni autre chose nuisible, & observent exactement le régime qui leur est prescrit.

IV.

FAIT Sa Majesté défenses à tous chirurgiens, d'emporter hors de l'hôpital aucuns charpis, bandes, emplâtres & autres choſes appartenantes audit hôpital, à peine de dix livres d'amende pour la première fois, & d'être congédiez en cas de récidive.

V.

LES garçons chirurgiens ſeront nourris dans l'hôpital, à la même portion fixée pour les Soldats, Cavaliers & Dragons, & les journées de leur nourriture ſeront payées & employées dans les états de dépenſe ſur le même pied. Leur fait Sa Majeſté déſenſes d'emporter leurs portions hors de l'hôpital pour les aller conſommer dans les cabarets ou ailleurs, à peine de trois livres d'amende, & de plus grande en cas de récidive.

V I.

TOUT garçon chirurgien qui ſera ſorti de l'hôpital ſans permiſſion, ou qui, en étant ſorti avec permiſſion, y rentrera ivre, ſera mis ſur le champ en priſon, & condamné en quatre livres d'amende pour la première fois, & en cas de récidive ſera chaſſé de l'hôpital.

V I I.

TOUT chirurgien qui ſera convaincu d'avoir retranché ou fait retrancher quelque choſe de la portion d'un malade ou bleſſé, pour en augmenter la ſienne, ſera condamné pour la première fois en dix livres d'amende, & pour la ſeconde ſera chaſſé de l'hôpital ſans eſpérance d'y pouvoir rentrer, ni dans aucun autre de ceux du Roy.

V I I I.

LES garçons chirurgiens qui auront vendu des alimens aux malades ou bleſſés, ſeront mis ſur le champ en priſon, & condamnez en dix livres d'amende, & en cas de récidive ſeront chaſſez de l'hôpital.

I X.

Tout garçon chirurgien convaincu de vol, friponnerie, ou malversation, sera châtié sévèrement pour l'exemple, & même livré à la justice si le cas le requiert.

X.

Les gages de chaque garçon chirurgien, indépendamment de la nourriture, seront & demeureront fixez à raison de quinze livres par mois, & seront à la charge des entrepreneurs.

X I.

Les garçons chirurgiens qui tomberont malades au service des malades & blessés, seront traitez dans l'hôpital sur le même pied que les Soldats, Cavaliers & Dragons, mais audit cas leur traitement sera en entier à la charge de l'entrepreneur.

X I I.

Fait Sa Majesté défenses aux entrepreneurs ou leurs directeurs, de renvoyer aucun garçon chirurgien malade ou suspect de maladie, qu'après sa guérison, & du consentement du Commissaire des guerres.

X I I I.

Enjoint au surplus Sa Majesté à tous garçons chirurgiens de se conformer aux articles du présent règlement, en ce qui les concerne, & aux peines y portées.

X I V.

Le nombre de garçons chirurgiens dans chaque hôpital, sera fixé à un pour cinquante malades, un pour quinze blessés, & un pour dix Soldats, Cavaliers, Dragons, ou autres attaquez du mal vénérien, & au dessous.

1er Janvier 1747

TITRE TRENTIÉME.

Des Apothicaires.

ARTICLE PREMIER.

L'APOTHICAIRE en chef ou major, les aide-majors, sous-aide-majors s'il y en a, & garcons apothicaires, se conformeront aux ordonnances du médecin & du chirurgien-major.

II.

VEUT & entend Sa Majesté, que tout ce qui a été ordonné dans les titres précédens pour les chirurgiens-majors, aide-majors, sous-aide-majors s'il y en a, & garçons chirurgiens, soit exécuté par rapport aux apothicaires des mêmes grades.

III.

ENJOINT au surplus Sa Majesté à tous apothicaires, de quelque grade qu'ils puissent être, de se conformer aux articles du présent règlement, en ce qui les concerne, & aux peines y portées.

IV.

LE nombre de garçons apothicaires dans chaque hôpital, sera fixé à un pour cinquante malades ou blessés indistinctement.

TITRE TRENTE-UNIÉME.

Des Infirmiers.

ARTICLE PREMIER.

LE nombre des Infirmiers dans chaque hôpital sera fixé à un pour vingt malades ou pour douze blessés, & un pour dix Soldats, Cavaliers, Dragons ou autres attaquez du mal vénérien, & au dessous.

II.

LES Infirmiers seront nourris dans l'hôpital, à la même portion des Soldats, Cavaliers & Dragons, & les journées de leur nourriture seront payées & employées dans les états de dépense, sur le même pied : leur fait Sa Majesté défenses d'emporter leurs portions hors de l'hôpital, pour les aller consommer dans les cabarets ou ailleurs, à peine de deux livres d'amende, & de plus grande en cas de récidive.

III.

TOUT infirmier qui sera sorti de l'hôpital sans permission, ou qui, étant sorti avec permission, y rentrera ivre, sera mis sur le champ en prison, & condamné en deux livres d'amende pour la première fois, & en cas de récidive sera chassé de l'hôpital.

IV.

LES infirmiers qui auront vendu des alimens aux malades ou blessés, seront mis sur le champ en prison, & condamnez en six livres d'amende pour la première fois, & en cas de récidive seront chassez de l'hôpital, sans espérance d'y pouvoir rentrer ni dans aucun autre de ceux du Roy.

V.

TOUT infirmier qui sera convaincu d'avoir retranché ou fait retrancher quelque chose de la portion d'un malade ou blessé, pour en augmenter la sienne, sera condamné en six livres d'amende pour la première fois, & chassé de l'hôpital en cas de récidive, sans espérance d'y pouvoir rentrer ni dans aucun autre de ceux du Roy.

VI.

V. I.

TOUT infirmier convaincu de vol, friponnerie ou malversation, sera châtié sévèrement pour l'exemple, & même livré à la justice si le cas le requiert.

V I I.

LES gages de chaque infirmier, indépendamment de la nourriture, seront & demeureront fixez à raison de neuf livres par mois, & seront à la charge des entrepreneurs.

V I I I.

LES infirmiers qui tomberont malades au service des malades & blessés, seront traitez dans l'hôpital sur le même pied que les Soldats, Cavaliers & Dragons, mais audit cas leur traitement sera en entier à la charge de l'entrepreneur.

I X.

FAIT Sa Majesté défenses aux entrepreneurs ou leurs directeurs, de renvoyer aucun infirmier malade ou suspect de maladie, qu'après sa guérison & du consentement du Commissaire des guerres.

X.

LES infirmiers rendront compte de tout ce qui se passera, tant de jour que de nuit, au Commissaire des guerres, ou au contrôleur, afin qu'il puisse en instruire le Commissaire des guerres.

X I.

IL sera commandé pour être de garde & veiller pendant la nuit dans chaque salle, un nombre suffisant d'infirmiers, par proportion du nombre des malades; l'ordre à cet égard sera donné par le Commissaire des guerres, ou, en son absence, par le contrôleur, de concert avec le médecin & le chirurgien-major.

XII.

Tout infirmier de garde pendant la nuit, qui sera surpris endormi, sera condamné en vingt sols d'amende, & celui qui aura abandonné la salle, sera chassé.

XIII.

Tout infirmier qui sera convaincu d'avoir traité les malades ou blessés avec négligence, dureté ou mépris, sera chassé & châtié sur le champ, suivant l'exigence du cas.

XIV.

Enjoint au surplus Sa Majesté à tous infirmiers de ses hôpitaux, de se conformer exactement à ce qui leur est prescrit par les articles du présent règlement, & d'obéir aux ordres qui leur seront donnez par les Commissaires des guerres, contrôleurs, aumôniers, médecins & chirurgiens, chacun en ce qui les concerne.

TITRE TRENTE-DEUXIEME.

De l'assemblée des Officiers.

Article Premier.

Le premier jour de chaque mois il se fera une assemblée, où se trouveront le Commissaire des guerres, ou, en son absence, le Major de la place, le contrôleur, l'aumônier, le médecin & le chirurgien-major, dans laquelle assemblée tous les assistans proposeront tout ce qu'ils croiront convenable au bien du service.

1.er Janvier 1747

II.

Le médecin fera part à ladite assemblée, des observations qu'il aura faites touchant les différens genres de maladies qu'il aura traitées; & le chirurgien-major communiquera ses réflexions sur les plaies qu'il aura pansées, les opérations & ouvertures de cadavres qu'il aura faites. L'un & l'autre feront le détail le plus exact des maladies épidémiques, contagieuses & extraordinaires, s'il en regne, & des remèdes qu'ils auront reconnus les plus efficaces pour parvenir à leur guérison.

III.

On examinera dans ladite assemblée, si les effets appartenans au Roy, sont bien entretenus, si les portes, lits, vitres & serrures sont en bon état, afin que s'il y a quelque desordre, on y remédie sur le champ.

IV.

Il sera ensuite dressé procès verbal de tout ce qui aura été proposé & observé dans ladite assemblée, auquel procès verbal signeront lesdits Commissaire des guerres, ou Major de la place, le contrôleur, le médecin, l'aumônier & le chirurgien-major, & il en sera envoyé une expédition au Secrétaire d'état ayant le département de la guerre, & une pareille à l'Intendant.

TITRE TRENTE-TROISIE'ME.

Des Inspecteurs des hôpitaux.

ARTICLE PREMIER.

Les Inspecteurs des hôpitaux nommez par Sa Majesté,

Commiſſaires des guerres, médecins, chirurgiens ou autres, veilleront lors de leurs viſites, chacun en ce qui les concerne, à l'exécution du préſent règlement, dreſſeront des procès verbaux de l'état dans lequel ils auront trouvé leſdits hôpitaux, dans leſquels ils feront mention des abus & contraventions qu'ils auront découverts, ainſi que des ordres qu'ils auront donnez pour y remédier, & envoyeront deux expéditions de chaque procès verbal, une au Secrétaire d'état ayant le département de la guerre, & l'autre à l'Intendant.

II.

L'INSPECTEUR, avant de ſortir de l'hôpital pour paſſer dans un autre, laiſſera au Commiſſaire des guerres chargé de la police dudit hôpital, une note des ordres qu'il aura donnez, de laquelle le Commiſſaire lui donnera ſon reçu ſur le double qui en ſera fait.

III.

LES entrepreneurs, directeurs, contrôleurs, aumôniers, chirurgiens, apothicaires, & généralement tous les employés qui ſervent dans les hôpitaux, ſeront ſoûmis aux ordres & à la juriſdiction des Inſpecteurs, leſquels ordres ſeront exécutez par proviſion & nonobſtant tous autres; pourvû néanmoins qu'ils ne ſoient pas contraires au préſent règlement.

IV.

SI l'Inſpecteur en faiſant ſa viſite, trouve des délits graves, & des contraventions qui méritent châtiment, il pourra interdire & même faire arrêter les coupables, conſtater les faits par un procès verbal ſéparé, lors duquel il entendra les témoins qui en auront connoissance, & prendre s'il le juge nécessaire, un premier interrogatoire des accusés; pour remettre ou envoyer ensuite le tout à l'Intendant du département, qui ordonnera ce qu'il jugera convenable, selon les circonstances & la qualité du délit : il adressera en même tems copie du tout au Secrétaire d'état ayant le département de la guerre.

V.

Si l'Inspecteur est Commissaire des guerres, il entrera dans tous les détails concernant la dépense des hôpitaux, & se fera représenter les registres, tant de l'entrepreneur ou directeur, que des autres officiers qui en doivent tenir suivant le présent règlement : comme aussi les états du mois précédent & autres antérieurs; fera dresser lesdits états s'ils ne l'ont pas été, & les arrêtera.

VI.

S'il arrive que les Inspecteurs se trouvent dans un hôpital au premier du mois, jour indiqué pour l'assemblée des officiers, conformément au titre précédent, non seulement ils y assisteront, mais ils pourront même à chaque visite, en convoquer une extraordinaire s'ils le jugent à propos, pour instruire les officiers en général des abus qu'ils auront observez, & les rappeller à leur devoir.

VII.

Enjoint au surplus Sa Majesté aux Inspecteurs des hôpitaux, de se conformer aux articles du présent règlement, chacun en ce qui les concerne, de les faire exécuter dans le cours de leurs visites, & de remplir exactement tout ce qui leur eſt ou ſera preſcrit par les inſtructions particulières qui leur ſont ou ſeront adreſſées par les ordres de Sa Majeſté.

MANDE & ordonne Sa Majeſté aux Intendans de ſes provinces, aux Commiſſaires des guerres, aux officiers de ſes troupes, & à tous autres qu'il appartiendra, de ſe conformer au préſent règlement, & de tenir la main à ſon exécution. FAIT à Verſailles, le premier janvier mil ſept cens quarante-ſept. *Signé* LOUIS. *Et plus bas,* M P. DE VOYER D'ARGENSON.

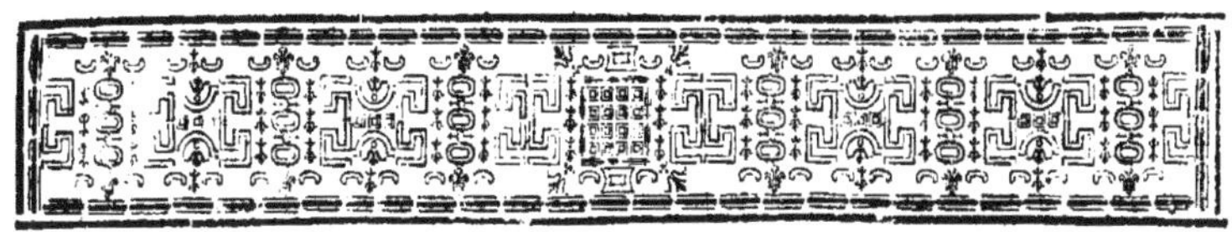

TABLE ALPHABETIQUE DES MATIERES.

A

B

C

D

D

E

F

G

H

I

N

O

P

R

S

www.ingramcontent.com/pod-product-compliance
Ingram Content Group UK Ltd.
Pitfield, Milton Keynes, MK11 3LW, UK
UKHW020936180726
13838UKWH00002B/980